シリーズ
〈生活科学〉

ファッションの歴史
－西洋服飾史－

佐々井 啓 ▶[編著]
水谷 由美子
山村 明子
大枝 近子
坂井 妙子
好田 由佳
米今 由希子
小町谷 寿子
川中 美津子
村田 仁代

朝倉書店

編集者

佐々井　　　啓　　日本女子大学家政学部教授

執筆者

佐々井　　　啓　　日本女子大学家政学部教授
水　谷　由美子　　山口県立大学生活科学部教授
山　村　明　子　　東京家政学院大学家政学部講師
大　枝　近　子　　目白大学人間社会学部助教授
坂　井　妙　子　　日本女子大学人間社会学部助教授
好　田　由　佳　　堺女子短期大学助教授
米　今　由希子　　明星大学人文学部講師
小町谷　寿　子　　名古屋女子大学家政学部講師
川　中　美津子　　相愛女子短期大学助教授
村　田　仁　代　　大阪樟蔭女子大学学芸学部教授

〈コラム執筆者〉

菅　原　珠　子　　学習院女子大学名誉教授
安　蔵　裕　子　　昭和女子大学人間文化学部助教授
松　尾　量　子　　山口県立大学生活科学部講師
岩　崎　恵　子　　日本女子大学通信教育課程インストラクター
先　川　直　子　　白梅学園短期大学講師
酒　井　さやか　　長野県立蘇南高等学校教諭
沖　原　　　茜　　一宮女子短期大学講師

（執筆順）

はじめに

　人間の歴史をひも解いたとき，衣服とのかかわりが様々な場面で登場してくることに気づくであろう．衣服は，単に身体の保護や気候の調節といった機能性のみではなく，社会とのつながりや心をあらわすものであり，したがって人間は衣服に多くのものを託してきたのである．

　服飾の歴史を学ぶにあたり，歴史的な諸事象を理解しておくことは大切である．その上で，それぞれの時代にあらわれ，様々な民族に装われた服飾は，どのような表現を担っていたのか，という視点から考えてみたい．そのためには，衣服や染織などの遺品史料に加えて，絵画や彫刻，挿絵などの造形史料，小説，詩，年代記，日記，戯曲などの文献史料を欠かすことはできない．なぜなら，遺品史料は非常に限られており，それのみでは服飾のあり方を探ることは不可能だからである．ただし，造形史料や文献史料にはそれぞれの分野での確かな研究がなされていて，歴史的に価値あるものとして評価されているものでなければならない．また，設定された時代やテーマと制作・著述された年代との関係を明らかにしておくことが重要である．その上で多くの史料にあたることにより，その時代の人々が服飾に込めた表現を理解することができるであろう．

　本書は，このような考えのもとに様々な史料を用い，その時代をあらわす要素をコラムとして挿入することとし，年表と歴史地図を巻末に加えた．西洋の服飾の変遷をたどるためには，多方面からの知識が大切であることはいうまでもない．今日ではそれらの史料を博物館や美術書，翻訳書などにより直接触れる機会が多くなっているので，本書で学んだ方々がたくさんの史料と出会い，人間の心をあらわす服飾の歴史に夢を馳せていただきたいと思う．

　本書は，日本女子大学家政学シリーズ『西洋服飾史』（菅原珠子・佐々井 啓著）の改定版として企画が始まった．構想の段階から全体的にご指導，ご協力いただき，丁寧な査読をしてくださった学習院女子大学名誉教授 菅原珠子先生に心から感謝を申し上げたい．先生は浅学の執筆者等が手に負えない多くの文献史料や歴史的事項をコラムとしてご執筆くださり，本書に豊かな彩りを与えてくだ

はじめに

さった．また，本書の執筆にあたり，先学の多くの服飾史や研究論文を参考とさせていただいたことを記して，感謝いたしたい．

最後に，本書の刊行にご尽力いただいた朝倉書店編集部に厚く御礼申し上げる．

2003年3月

佐々井　啓

目　　次

1. 古代Ⅰ：オリエント ···〔佐々井　啓〕··· 1
   1.1　メソポタミア ··· 1
   1.2　エジプト ··· 5

   〈コラム〉ウルの軍旗　2/ ペルセポリス　4/ 目の化粧　7/ ツタンカーメン　8/ エジプトの神々　9

2. 古代Ⅱ：ギリシアとローマ ·································〔佐々井　啓〕··· 10
   2.1　ギリシア ··· 10
   2.2　ローマ ··· 16

   〈コラム〉クノッソス宮殿　11/ ホメロスにみる服飾　13/ ヘロドトス　14/ ドーリア式とイオニア式　14/『女の平和』　16/ ポンペイの遺跡　18/『エピグランマタ』19

3. 中世Ⅰ：5世紀から10世紀 ·································〔佐々井　啓〕··· 22
   3.1　東ローマ帝国 ·· 22
   3.2　初期西ヨーロッパ ·· 25

   〈コラム〉織物（コプト・ビザンティン）　23/ ラヴェンナのモザイク　25/『ガリア戦記』26/『ゲルマーニア』27/ シャルルマーニュ（カール大帝）　28

4. 中世Ⅱ：11世紀から15世紀 ·······························〔佐々井　啓〕··· 29
   4.1　11世紀から12世紀 ··· 29
   4.2　13世紀から15世紀 ··· 33

〈コラム〉バイユー・タピストリー　30/『ローランの歌』　32/『カンタベリー物語』　34/ バラード『冬に対する勧告』　36/ タピストリー　37/ ベリー公の『時祷書』　38/ 紋章　43/ 道化の衣装　43

5. 16 世 紀 ……………………………………………〔水谷由美子〕… 44
 5.1　ルネサンスとイタリアモード ……………………………………… 44
 5.2　服飾の誇張 …………………………………………………………… 46
 5.3　装飾と付属品 ………………………………………………………… 53
 5.4　スペインモードの伝播 ……………………………………………… 56

〈コラム〉「南蛮」服飾　45/『ガルガンチュア物語』　48/ ヘンリー8世とフランソワ1世　49/ エリザベス1世　52/ ヨースト・アマンとハンス・ザックス　56

6. 17 世 紀 ……………………………………………〔山村明子〕… 59
 6.1　オランダの市民服 …………………………………………………… 59
 6.2　ダブレットからジュストコールへ ………………………………… 62
 6.3　ローブとジューブ …………………………………………………… 69

〈コラム〉オランダ絵画　61/ ルイ14世と服飾　62/ モリエール　64/『サミュエル・ピープスの日記』　69/ マルガリータ王女　70/ ローブ・ド・シャンブル　72/『カラクテール』（人さまざま）　74

7. 18 世 紀 ……………………………………………………………… 77
 7.1　ロココの美 ………………………………………〔水谷由美子〕… 77
 7.2　宮廷の男性 ………………………………………〔水谷由美子〕… 79
 7.3　宮廷の女性 ………………………………………〔水谷由美子〕… 86
 7.4　革命思想と服飾 ……………………………………〔佐々井　啓〕… 94

〈コラム〉仮装　79/『百科全書』と服飾　82/ ジャン・ジャック・ルソー　84/ ウイリアム・ホガース　86/ ポンパドゥール侯爵夫人　89/ マリー・アントワネット　91/ 英国女性バーバラ・ジョンソンの服飾アルバム　92/ モード雑誌の発刊　94/ モスリンの流行　98/ スペンサー　99

目次

8. 19 世紀 ……………………………………………………………… 101
  8.1 市民社会の成立 ……………………………………〔大枝近子〕… 101
  8.2 男性の服飾 …………………………………………〔大枝近子〕… 103
  8.3 女性の服飾 …………………………………………………………… 109
    a. ロマン主義時代のドレス ………………………〔大枝近子〕… 109
    b. クリノリンの流行 ………………………………〔大枝近子〕… 110
    c. バッスルスタイル ………………………………〔大枝近子〕… 113
    d. オートクチュールの誕生 ………………………〔大枝近子〕… 115
    e. ウエディングドレスの変遷 ……………………〔坂井妙子〕… 117
  8.4 服飾の多様化 ………………………………………………………… 120
    a. 子供服の成立 ……………………………………〔大枝近子〕… 120
    b. ブルーマー夫人の女性解放運動 ………………〔佐々井　啓〕… 124
    c. スポーツ服とテーラードスーツ ………………〔好田由佳〕… 125
    d. リバティーとジャポニスム ……………………〔米今由希子〕… 129
    e. ミシンの発明とアメリカ既製服産業の成立 …〔小町谷寿子〕… 132

〈コラム〉デパート　102/ トマス・カーライルとウィリアム・サッカレー　104/ オスカー・ワイルド　106/ バルザック　108/ フローベール　112/ モード雑誌　115/ 美的ドレス　116/ ヴィクトリア女王　119/ アリスのドレス　121/ グーツムーツとドイツ体育教育にみる子供服　123/ ケート・グリナウェー　123/『パンチ』　126/ メイルオーダーによる注文服　133/『若草物語』　134

9. 20 世紀 ……………………………………………………………… 136
  9.1 新しい造形思想とともに …………………………………………… 136
    a. アール・ヌーヴォーからアール・デコへ ……〔川中美津子〕… 136
    b. 改良されたコルセットとSカーブライン ……〔川中美津子〕… 138
    c. コルセットの追放とストレートなドレス ……〔川中美津子〕… 139
    d. ギャルソンヌスタイルからバイヤスカットへ …〔村田仁代〕… 141
    e. オートクチュールの隆盛 ………………………〔村田仁代〕… 143
    f. スーツの台頭 ……………………………………〔佐々井　啓〕… 147

9.2　自由な表現を目指して ……………………………〔村田仁代〕… 148

〈コラム〉プリーツの系譜　159

年　　表 ………………………………………………………… 161
歴史地図 ………………………………………………………… 174
文　　献 ………………………………………………………… 177
索　　引 ………………………………………………………… 183

1
古代Ⅰ：オリエント

1.1 メソポタミア

　メソポタミアは，最も早くに文明が発祥した地域である．メソポタミアとは，「川の間の地方」という意味であり，ティグリス・ユーフラテス両川に挟まれた今日のイラクに当たる地域である．前5000年頃には農耕・牧畜を中心とする文化が起こり，前3500年頃には神殿を中心として村落が形成され，楔形文字の発明や金属器の使用など高い文化を生み出して都市に発展していった．

a. シュメール，バビロニア

　シュメール人は，ウルを首都として統一王朝（前2600〜前2400年？）をつくり，神殿，王宮などとともに豊かな文化を築いた．前2350年頃にはアッカド人に滅ぼされたが，やがて再び勢力を盛り返し（前2100年頃〜前2000年頃），セ

図 1.1　ウルの軍旗（大英博物館蔵）

┌──── ◆ ウルの軍旗 ◆ ────────────────────────┐
│
│　シュメールのウルで発見された「軍旗」は，前2600年頃の作であり，高さ
│20.3 cm，横48.3 cmのやや台形の側面をもつ箱型である．貝殻とラピスラズリ
│と赤い石灰岩を象嵌して，「戦争」と「平和（勝利）」の場面が両面にそれぞれ3
│段構成で両面にあらわされている．
│　「戦争」では，下段に戦車隊，中段に腰衣とマントを着けて槍をもつ兵士と裸
│の捕虜が続く．上段中央には，戦車から下りた王がみられる．
│　「平和」は戦勝の祝賀の場面であり，上段ではウル王と高官達がカウナケスを
│着用し，杯を手にもって椅子に座っている．右端には，竪琴と笛をもった男女の
│楽士がおり，中段には牡牛や山羊の列とともに魚を手にもつ男がみられる．下段
│には穀物などの宴会の材料を運ぶ人々があらわされている．　　　<佐々井　啓>
└─────────────────────────────────┘

ム系民族のバビロン第1王朝（前1760～前1240年頃）が成立してハンムラビ王
が全土を支配した．王は，ハンムラビ法典を発布して強力な国家を築き，シュメ
ールの文化を受け継いでいる．
　シュメール人の服飾は，彫像や印章の浮彫りなどによって知ることができる．
その代表的な衣服は下半身を覆う腰衣形式のものであるが，肩から斜めにかけた
形や，全身を覆う形もみられる．素材としては，亜麻や羊毛であったことが推察
される．前1000年代前半に成立したシュメールの神話では，農耕神は乙女のた
めに，栽培された亜麻を梳く者，紡ぎ手，撚糸工，織工，裁つ者（あるいは，染
める者）を連れてくる，といい，牧羊神は牝羊を飼ってミルクやバターやチーズ
をつくる，と述べられている（『古代オリエント集』）ことからもわかる．

1）　カウナケス

　シュメールの彫像にみられる腰衣はカウナケス（kaunakes）といわれ，腰か
ら下を毛皮のような外観をもった布で覆っている．これは，毛の房のついたまま
の毛皮を指したようだが，やがて経糸に緯糸をループのように結び付けて房状に
織ったものとなった．「ウル・ニナの浮彫り」には，カウナケスを着けた王と，
肩から残りの布を前に斜めに下げている王妃の姿がみられる．

2）　腰衣，掛衣

　カウナケス以外には，裾に房飾りのある腰衣や，働く人々の簡単な短い腰衣な
ど，様々な形がある．また，腰衣の上にマントを羽織っている兵士の姿もある．

1.1 メソポタミア

図 1.2 ウルのニンジルスの像（前 24 世紀）

図 1.3 アッシリア王宮の近衛兵の浮彫り（前 8 世紀）
房飾りのついたテュニック型衣服と掛衣．

さらに「ウルのニンジルスの像」には，長方形の布を胸の下あたりで横に巻き，残りを後ろから左肩を包んで前に垂らす形の掛衣（かけぎぬ）がみられる（図1.2）．この着方は，「ハンムラビ法典碑頂部浮彫り」（前18世紀）のハンムラビ王と同じである．布端に房飾りのような線が描かれていて，それが布の巻き方を明らかにしている．

b. アッシリア

ティグリス川上流のアッシリアは，前15世紀には独立を回復し，前7世紀前半にはオリエントを征服したが，前612年には滅んだ．

アッシリアの服飾は，シャツ型の全身着の上にショール状の布を巻きつけたり，肩から下げたりする形式である（図1.3）．前9世紀前半の「アッシュールナジルパル2世像」は，長い丈のテュニック（シャツ型）の上に，幅の広い房飾りのついた帯状の布を斜めに巻きつけている．アッシュールバニパル王の狩猟の姿をあらわした浮彫りには，衣服に文様のある織物が用いられていることがわかる．男性は頭髪を伸ばし，豊かなあご髭をもっていた．

> ◆ ペルセポリス ◆
>
> 　イランのファールス地方の北部にあり，スーサ，バビロンと並ぶアケメネス朝ペルシアの首都の一つ．ダレイオス1世治下の前5世紀に着工された．大基壇と多柱式の「謁見の間」，「百柱の間」などがある．これらには，バビロニアの様式を伝える彩釉煉瓦やエジプトの要素を伝える多柱式建築，円柱柱身の縦溝によるイオニア美術の影響など，多くの要素を含んでいる．アパダナ基壇東階段には「朝貢者行列」の浮彫りがあり，供物をささげる様々な支配下の人々がみられる．エーゲ海北岸からインダス川にも及ぶ大帝国を築いたダレイオス1世は，「百柱の間」の入口の浮彫りで玉座に座って謁見している姿であらわされている．
>
> 　　　　　　　　　　　　　　　　　　　　　　　　　　<佐々井 啓>

c. ペルシア

　前6世紀の半ば頃，ペルシアがアケメネス朝をおこし，オリエントを支配した．首都はスーサであるが，ペルセポリスには宮殿が建てられ，儀式の中心となっていた．最盛期には，エジプトからインダス川にまで及ぶ大帝国を築き，各地の民族の文化を統合して高い文化を成立させた．ペルシア文字をつくり，建築や織物にも優れた成果をあげている．前5世紀にはギリシアとの戦いに敗れ，前331年にアレクサンドロス大王に征服されて滅びた．

図1.4　メディアの服（ルーブル美術館蔵）

　ギリシアの歴史家ヘロドトスは，「世界中でペルシア人ほど外国の風習をとり入れる民族はいない」と述べ（『歴史』），後述のメディア服についても記している．

1）テュニック，ズボン

　膝丈のテュニックにベルトを締めた姿が基本であるが，その上に1枚上着を重ねた着方や，ショール状の布を巻きつけた姿もみられる．

　下半身には細いズボンを穿いていたが，ヘロドトスは，「革のズボン（アナクシリデス）」と記している．

2) メディア服（カンディス）

「美しいメディアの衣裳」とヘロドトスが述べた衣服は，ペルシア西部のメディアで用いられていた貫頭衣風のゆったりした衣服で，二つ折りにした織物の中央部に頭を通す穴があり，両脇を閉じて着ていた．美しい文様のあるメディア服は両脇に襞をとり，儀礼的に装った姿が浮彫りにみられる．彩釉煉瓦によるメディア服を着用している人々の行列が，スサの王宮の壁面装飾に残されている（図1.4）．

1.2 エジプト

ヘロドトスが「ナイルのたまもの」と呼んでいるように，エジプトではナイル川の増水による肥沃な土が，豊かな産物をもたらした．前3000年頃には，ナイル川上流の上エジプトと下流の下エジプトとを統一する王国が誕生し，メンフィスを首都として発展した．初期王朝時代，古王国時代（前2780～前2250年），中王国時代（前2050～前1780年），新王国時代（前1567～前1085年）を経て，前525年にペルシアに支配された．

エジプトでは絵文字が発明され，ピラミッドの建設が盛んになされており，その壁画やミイラ，副葬品などによって人々の生活や服飾を知ることができる．

中王国時代と新王国時代の間では，東方シリアから侵入したセム系の民族（ヒュクソス）に支配され，東方文化との接触が変化をもたらした．また，新王国時代には逆に西アジアへの遠征を行い，王権のもとに強力な国家を打ち立てると同時に，優れた文化を生み出したのである．

a. 腰衣と巻衣

エジプトを通して用いられている男性の衣服は，シェンティ（schenti）という腰衣である（図1.5）．膝上くらいの丈の麻布を腰に巻くだけの簡単な形であるが，やがて上端にベルト状の部分がついたり，前中央に三角形の布を垂らしたり，襞どりがある布を用いたりした．また，丈の長さも変化していった（図1.6）．このようなシェンティを壁画や彫像から年代順にみていこう．

前2500年頃の役人の木像は，片側にプリーツをとった膝丈のシェンティに留め金のついたベルトをしている．また，中王国時代には，全体にプリーツのある

図 1.5 エジプト壁画

図 1.6 18王朝（新王国時代）の木像

膝下の長めの丈のシェンティがみられる．新王国時代の墓の壁画には，労働者の簡素な短いシェンティがみられるが，王のシェンティは丈が長めでプリーツがあり，複雑な色調のベルトが巻かれている．

　女性の衣服は，胸の下からきっちりと巻いた巻衣(まきぎぬ)形式のようである（図 1.5）．これを 1 本または 2 本の太い肩紐でつるしている．この形は，身体にぴったりした筒型のスカートであるとも考えられる．初期には白麻製であるが，やがて彩色され，文様のある衣服を身に着けている彫像がみられるようになる．これは，編んだビーズか，あるいは彩色した革をネット状に裁断し，つけたものであるといわれる．

　前 1292 年頃のテーベの「王妃の谷」の壁画にはイシスの姿が描かれている．頭上に日輪を乗せ，赤地に緑のジグザグ模様に様々な色が重なって複雑な色調をもった衣服を着ている．

　一般的に，エジプトの衣服は，漂白した白色が多くみられるが，しだいに染色がなされるようになる．赤，黄，青，黒，緑，褐色などの色が亜麻や革に染められていた．

b. 装身具，被り物，髪型

　壁画や彫像には豊かな装身具がみられるが，遺品として目にすることができる

> ### ◆ 目の化粧 ◆
>
> エジプトは強い日光と乾燥の国で，古代のおしゃれの主な関心は，衣服そのものよりも身体に向けられていた．身体のむだ毛を剃り，磨き，香油で仕上げる．クレオパトラはバラ浴で有名だが，彼女の時代には香油の使用は庶民にまで行き渡っていた．顔の化粧では，アイラインにアンチモニー粉末でできた黒いコール墨，そしてアイシャドウに粉末の緑色孔雀石（マラカイト）が使用されるなど，目が際立たされている．唇と身体の開口である目が強調されたのは，呪術的に邪悪なものの侵入を退けるためであり，また顔の輪郭をはっきりさせるための美的効果，そして激しい紫外線除けという健康効果などが期待されたからである．近頃の野球選手やサポーターの化粧には，紫外線除けのほかに，敵に対する威嚇効果もあると思うがどうだろうか．
>
> <水谷由美子>

ものも多い．

男女ともに用いられたものには，幅の広いネックレス，ペンダント，ブレスレット，アンクレットなどがある．これらは，権力者の象徴として用いられているものが多い．素材は，エメラルド，トルコ玉，アメシスト，ガーネットなどの貴石に金，銀，ガラス，七宝などを加えた色彩豊かで豪華なものである．文様には，ロータスやパピルス，スカラベ（甲虫），鷹，蛇など，特別な意味をもつものが多くみられる．

冠には上エジプト王の白冠，下エジプト王の赤冠がある．王の被り物に縞柄の頭巾がある．頭を包んで耳の後ろに残った布を垂らすもので，王の彫像にはこの頭巾を着けた姿をみることができる．

髪型は，男性は短く刈り，女性は長かったようだが，かつらをつけることがなされていた．素材は亜麻などの植物繊維や羊毛，人毛であり，王や高官は比較的大きなかつらであり，中王国以降では青や代赭(たいしゃ)などに染められた．また，女性のかつらは長く豊かなものであり，しばしば細かく編んだり，金銀の装飾を編み込んだものもみられる．

履物は，身分の高い人は麻縄やパピルスの繊維でつくったサンダルであるが，革製のサンダルも出土している．これは王族が用いたもので，豪華な装飾がある．一般にはほとんどはだしであった．

中王国時代の『シヌへの物語』では，貴族シヌへが年老いて帰国したときの様

子が述べられている．彼には王子の部屋が与えられ，そこには「涼しい部屋，神の像，宝庫の貴重品」があり，「各室に亜麻布製の王の衣服，没薬，最上の油」が備えられていた．そしてシヌヘは上等の亜麻布を着せられ，ベッドで寝かされたのである．

c. カラシリス

ヒュクソスによる支配や東方遠征によって，新しい衣服が登場した．ヘロドトスは，この衣服を「足のまわりに房のついたカラシリスという麻の肌着を着け」と述べている（『歴史』）．カラシリス（calasiris）は，透けるような薄地でつくられ，細かいプリーツがある貫頭衣風の形で，上からベルトで締めている．これは，位の高い男性や宮廷の女性達の壁画に描かれているが，薄布を通して下の衣服が見える様子が巧みに描かれている（図1.7）．

「王妃の谷」の壁画のネフェルティティはカラシリスを着て赤い飾りベルトをしている．ツタンカーメン王と王妃が浮彫りになっている玉座の背もたれには，王妃のカラシリスの繊細なプリーツがあらわされている．

図1.7　19王朝（新王国時代）の彩色浮彫りカラシリスを着けるセティ1世（右）と女神．

◆ ツタンカーメン ◆

18王朝末期の王．在位前1361～前1352年頃．都をアマルナからテーベに移したが，20歳で夭折した．1922年，王家の谷で墓が発掘され，ミイラや豪華な副葬品がほぼ完全な形で発見された．主な出土品は，ミイラを納めた黄金の棺，木製金張りの棺，石棺のほか，葬儀用寝台，玉座，装身具，生活用品など，あらゆる種類の副葬品である．とりわけ縞柄の頭巾をつけた黄金のマスク，背もたれにシェンティやカラシリスを着たツタンカーメンと妻が描かれている玉座，手袋や貴石をちりばめた装身具などは，壁画とともに当時の生活を知る貴重な史料である．カイロ，エジプト美術館蔵．　　　　　　　　　　　　　　　　＜佐々井　啓＞

◆ エジプトの神々 ◆

　古代エジプトで最も知られているオシリス神は，穀物神，死・復活の神，冥界の王などとされる．頭には上エジプトの白冠，ダチョウの羽根，太陽の円盤をのせている．妻はイシス神であり，頭上に椅子あるいは日輪と牛の角をのせた女神である．ホルス神はオシリスの子であり，鷹の姿をしている．最高の神として多くの属性をもつが，国王の守護神として王がホルスの化身とされるようになった．セト神は兄オシリスを殺して王位につこうとしたがホルスに敗れ，以後王の敵とされた．セト神は砂漠の神，暴力の神として犬，豚，騾馬などの姿であらわされるが，守護神とした王もあった．ハトホル女神は国王の保護者であり，愛と美の女神，幸福や黄金の女神など様々な属性がある．頭の上には日輪と牛の角を戴き，イシス女神と間違われることもある．これらの神々はいずれも当時の衣服を身に着けてあらわされている．

　　　　　　　　　　　　　　　　　　　　　　　　　　　　　<佐々井　啓>

2 古代Ⅱ：ギリシアとローマ

2.1 ギリシア

a. クレタとミュケナイ

　地中海の文化はオリエントの影響を受けた前3000年頃から始まっていたが，前2000年から前1200年頃までは，エーゲ文明が栄えた．中心地は地中海にあるクレタ島であり，首都クノッソスをはじめとして大宮殿が建設された．また，ハギア・トリアダには家屋の遺構のほかに，円形墓から石棺が出土しており，そこに描かれている宗教儀式の場面は貴重な史料である．

　一方，ギリシア本土では前15世紀から前12世紀にかけてミュケナイ文明が栄えていた．ミュケナイは，クレタの文化を積極的に取り入れ，それを継承，発展させたといわれる．建築はその論理的な構成においてギリシアの精神の萌芽がみられるが，壁画や装飾はクレタと同様である．しかし，やがてそれらもクレタから離れていく．ミュケナイでは黄金製品をはじめとする金属細工に優れており，数々の遺品がみられる．またミュケナイ文字を使用していたが，前1200年頃にはドーリア人の南下によって滅びた．ギリシア語で書かれたホメロスの作品は，この時代を伝えている．

1) 腰　　衣

　男性の衣服はエジプトと似ている腰衣であった．クレタの腰衣は，前後の布が中心で長くなっているものや，二重にした形もあったようである．クノッソス宮殿の壁画にみられる男性は，赤，白，青などの彩色のある腰衣をつけ，長い髪に羽飾りのある被り物をしている．また，腕輪やネックレスなどの装身具を着けていることがわかる．

◆ クノッソス宮殿 ◆

　クレタ島の首都クノッソスでは前1700年頃の地震により多くの建造物が破壊されたが，すぐに新宮殿が建設され，前1400年頃まで栄えた．宮殿は中庭を中心とした2層，3層の構築で，住居や儀式の間などが配されている．また，採光を考え，給排水設備のある明るく開放的な建築であったようである．壁面はフレスコ画で飾られ，そこには，草花，鳥，動物，海の生物などが生き生きとあらわされている．また，宮廷の婦人達や様々な宗教，生活の場面も描かれ，当時の様子を伝える貴重な史料となっている．

　前1400年頃には，地震かまたはミュケナイ人の来襲によって完全に破壊されたが，1900年にアーサー・エヴァンスによって発見され，今日では一部復元されている．

〈佐々井　啓〉

2) 女性の服飾

　女性の衣服はクレタに特有の姿として，女神像や壁画などにあらわされている．前1600年頃の蛇の女神像は，胸を露出した肘丈の上衣とスカートの組合せである．上衣は丈が短く，胸下を紐で締めているようであり，袖口やあきの部分に縁取りがある．スカートは段襞状の形式であり，前後にエプロンが垂れ下がっている．襞のないスカートなどの他の形式は，壁画などにもみられ，様々な色彩が用いられていたことが彩色などによってわかる．また，「ハギア・トリアダの石棺」には，カウナケスを身に着けている神官らしい男性の後にワンピース風の全身着を着ている人々が描かれている．男女の判別は難しいが，この形の衣服がやがてミュケナイにみられるようになる．

3) ミュケナイの服飾

　ミュケナイの服飾は，クレタと似ている形が多い．とくに女性の衣服は胸の開いた上衣が「官女」の壁画にみられるが，しだいにテュニック型の衣服が多くなる．これは，男性は膝丈であるが女性は長い丈であり，縁取りや切込みの入った形である．また，男性では腰衣から半ズボン状のものになったこ

図2.1　女神像

とが特徴である．腰衣の股の間に布を通した形から派生したと考えられる．

b. ギリシア文化

ミュケナイ文化を形成したアカイア人に加えて，それを滅ぼしたドーリア人，小アジアに住みついていたイオニア人が前8世紀頃からポリス（都市国家）を形成し，独自の文化を築いていった．その代表的な都市はドーリア人のスパルタと，イオニア人のアテナイである．各都市は城砦や広場をつくり貴族を中心として神殿や彫刻，絵画などのすぐれた芸術を生み出した．建築における特徴として，簡素で重厚なドーリア式，繊細で優美なイオニア式があげられる．

ギリシアは，気候温暖で豊かな自然に恵まれ，ポリスの間ではオリンピアの祭典などを通して神殿建築や美術に共通の意識をもっていた．やがて自然哲学，理想主義哲学が誕生し，叙事詩や悲劇，喜劇なども盛んにつくられた．また，人間をすべての中心に置いた人間主義に基づき，神々もまた人体を理想化した姿であらわされた．

1) キトン

キトン（chiton）はギリシアの代表的な衣服である．語源は「亜麻の衣服」を示す言葉である．ホメロスの作品中にも「しなやかなキトン」という描写があるが，その具体的な姿は，前6世紀以降の彫像によって知ることができる．その形は，長方形の布を二つに折り，折り目を片方の脇に当てて前後の布を両肩で留めたものである．腰には帯を締め，丈の調節を行っていた．男性は腿の半ばくらいの短い丈であるが，特別な場合には踝（くるぶし）までの長いものもみられる．

とくに労働者などには，主として右肩を露出し，左肩のみ留め金で留めた膝丈のエクソミスが用いられていた．

前6世紀には，薄い麻織物でつくられ，両脇と肩が閉じられたイオニア風のキトンが女性に用いられるようになった．これは，ヘロドトスがアテナイとアイギナとの

図2.2 男性のキトン

2.1 ギリシア

> ◆ ホメロスにみる服飾 ◆
>
> 　ホメロスは前800年頃のイオニアの詩人．代表作にギリシア最古の長編叙事詩『イーリアス』(15693行)，『オデュッセイア』(12110行) がある．言語や技法，作者の問題など伝承される間に手を加えられたことに関する研究もあるが，作品中の神々や英雄の像は，その後のギリシアの芸術に影響を与えたといわれている．前1200年頃と推測されるトロイ戦争の史実と伝説をもとに書かれた作品であるが，神々や勇士，貴婦人の服飾描写が何カ所か描かれており，おそらくホメロスの時代の服飾の一端をあらわしていると考えられ，その点からも貴重な資料といえる．『イーリアス』から一部を呉茂一の訳で紹介する．
> 　スパルタ王の兄にあたるミケナイ城主アガメノンの出陣の服装は以下のようである．
>> 　身を引き起こすと座について，しなやかな肌着（キトン）をまとった．美しくつやつやしいのを，して大きな外套（ファロス）を身に引きまわし，光沢のよい足もとには立派な浅ぐつをゆわえつけた．また，両肩のあたりから，白銀の鋲をちりばめた剣を投げ懸け，父祖伝来の，永遠に朽ちることのない王しゃくを執ると，それを携え，青銅のよろいを着たアカイア軍の船陣へと出かけていった．
>
> 　トロイ戦争のきっかけとなった美しい女神ヘーレーの着付けを引用する．
>> 　すべての汚れを拭い浄め，それから豊かなオリーブ油の，しめやかに芳しいのを体に塗った．（中略）髪を梳いてから御手で輝くほどのみずらに編んで，美しくまた香しいのを，不死にまします御頭から，垂れ下がらせる，また身の廻りに芳しい御着物を着けた．それは女神のためにアテーネーが織り調えて仕上げをしたもの（中略）それを黄金の留針でもって胸のあたりに貫き留め，帯を締めた．
>
> <菅原珠子>

戦争の折に，アテナイ軍の全滅を伝えた兵士が，戦死した男達の妻によって，衣服の留め金で刺し殺された，という話を伝えている（『歴史』）．この後，女性の衣服は留め金を使わないイオニア式のキトンに改められたというが，実際に男女ともに繊細なドレープを生じる薄手のキトンが多くみられる．彫像や壺絵には，キトンの上にさらにドレーパリーを重ねた複雑な着装をみることができ，ギリシア独特の服飾美があらわされている．

2) ペプロス

　ペプロス (peplos) は，前12～前6世紀のアルカイック時代に用いられてい

2. 古代Ⅱ：ギリシアとローマ

◆ ヘロドトス ◆

　ヘロドトスは古代ギリシアの植民都市ハリカルナッソス（小アジアの南部）生まれの歴史家であり，生没年は前490〜480年頃から430〜420年頃の範囲とされている．アテナイに長期間滞在したが，エジプト，シリア，フェニキア，トラキア，バビロニアなどを旅行して，各地の歴史，地理，風俗などをまとめたのが，全9巻の『歴史（ヒストリアエ）』．『歴史』はペルシアとギリシアの闘争を中心におきながら，前半はペルシア帝国の歴史と王の遠征を，各地の地誌や風俗を入れて述べ，後半はギリシアの物語に入り，最後はギリシアの勝利で終わったペルシア戦役となる．ヘロドトスは素直に事実を書き，伝説を記録し，多くの民族の生きざまを描写しており，古代世界を知る手がかりとなる．本文の一部を紹介しよう．

　　エジプトの服装は脚の周りに総のついたカラシリスという麻の肌着を着け，その上から白い毛織の着物を羽織るように着ている．しかし毛のものは聖域には身につけて入らず，遺骸につけて埋めたりしない．それは宗教上禁ぜられている（2-81）」．「ペルシア人部隊の身拵えは，頭にフエルト製の柔軟な帽子チアラを被り，身には色とりどりの袖つきの肌着と，魚鱗を思わせる鉄製の鎧をまとい，脚にはズボンを穿いていた（1-71）（『歴史』松平千秋訳）．

＜菅原珠子＞

◆ ドーリア式とイオニア式 ◆

　ギリシア神殿の建築構成は単純であり，軒を支える列をなす円柱が重要であった．前5世紀頃の標準的な様式では，円柱はドーリア式とイオニア式にわけられる．柱はともに基壇に近いほうが太く，軒に向かってやや細くなる．両者を比べるとドーリア式が太く短く，イオニア式が細長い．またイオニア式の柱頭は渦巻型の飾りが二つつき，柱身の縦の溝もドリア式より繊細で数も多い．柱は年代により多少変わっている．ドーリア式円柱はドーリア人の多いギリシア本土，南イタリア，シチリア島に多く，イオニア式円柱はイオニア地方と，その北の小アジア沿岸に多いがしだいにギリシア本土にも広がる．二つの様式は柱に限らずよく比較され，ドーリア式は簡素で男性的，イオニア式は繊細で女性的とたとえられる．ギリシアの代表的衣服キトンもペプロスの流れを引くドーリア式と，優雅なイオニア式として論じられている．

＜菅原珠子＞

図2.3 パルテノン神殿の浮彫りの一部（前5世紀）
左：ヒマティオン，右：イオニア式キトン．

図2.4 女性のペプロス

た女性の衣服である．横二つ折りにした長方形の毛織物の上部をピンで留め，帯をしたり，上端を折り返したりして丈の調節をしている．幅は横に伸ばした手の右肘から左肘くらいの大きさであり，初期の彫像には，ゆったりとした着方で全身を覆うペプロスが多くみられる．

前6世紀には繊細なイオニア風のキトンが流行したことにより，ペプロスはドーリア式キトンと呼ばれるようになった．

3） ヒマティオンなど

キトンの上に用いる外衣には，いくつかの種類がある．

クラミス（chlamys）は兵士や青年が乗馬や旅行のためにキトンの上に用いたマントである．厚地の毛織物であり，大きさは縦1.4 m，横2.3 mくらいであるらしい．右肩や前で留めて着たが，直接素肌にまとっているものもみられる．

なお，クライナ（chlaina）というマントはほぼクラミスと同型であったよう

図2.5 壺絵（左：ヒマティオン，右：キトン）

> ◆『女の平和』◆
>
> 　古代ギリシア喜劇第一の作者アリストパネース（前445頃-前385頃）の作品．彼の活動期は，ギリシア全土に広がったペロポネソス戦争（前431～前404年）の間にあたる．『女の平和』は彼の戦争反対を主張する喜劇である．ギリシア各地の女達が同盟を結び，性的ストライキにより和平を主張，男達にアテナイとスパルタの和議を成功させるという劇．作品の冒頭に次のような女達の会話がある．
>
> 　「女にどんな賢いすばらしいことができるというのよ．顔を塗り立て，サフラン色の着物を身につけ，飾り立てて，透きとおった薄い衣装に，派手な靴のあたしたちに」，「それがすなわち救いの神だ，とわたしは思うのよ．サフラン色の着物に香料に派手な靴に紅に透きとおった肌着が」（高津春繁訳）．
>
> 　ここで語られているのは，アテナイの女性を美しくみせる服飾の特徴と考えられる．
> 　　　　　　　　　　　　　　　　　　　　　　　　　　　　　＜菅原珠子＞

だが，ホメロスの作品には「深紅のクライナ」という記述があり，濃い色が用いられていたことがわかる．

　ヒマティオン（himation）は大きな長方形の毛織物であり，一般市民がマントとして用いていたものである．縦2m，横3m，あるいはもう少し長い分量のものもあったようで，男女ともに用いている．着方は様々であり，身体に巻きつけるようにしたり，頭から全身を覆うこともあった．男性では，哲学者が清貧をあらわすために，ヒマティオンを1枚まとっている姿をみることができる．また，色調は様々で，羊毛の自然色のほかに，紫や青，赤系統の色や，縁飾りのついたものもみられる．

2.2　ロ ー マ

a.　エトルリア

　前8世紀頃には，イタリア中・北部にエトルリア人が都市国家をつくっていた．その文化はギリシアの影響を受けながらも写実性と力強い表現とによって独自の作風を築いている．ローマ人に支配された後は，ローマに受け継がれ，イタリア半島の新しい文化として展開されていった．

　エトルリアの服飾を知る手がかりとなるものは，彫刻，陶器や墳墓の壁面に描

図2.6 笛を吹く男（タルクィニア壁画）

かれた人物である．タルクィニアで前6世紀末から前5世紀にかけてつくられた墳墓には，宴会や儀式の場面が墓室の壁面に描かれている．

「鳥占い師の墓」と呼ばれる壁画には，白いトゥニカ風の衣服の上にショール風の懸衣（かけぎぬ）を着けている姿がみられる．また，「豹の墓」の壁画には懸衣1枚を素肌につけている楽士たちもみられ，その形は，長方形，半月形，弓形など様々で，赤，青，緑などの色彩豊かな表現はエーゲ文化との接触を示すものであろう．

半月形や弓形などの曲線的な懸衣を，ローマのトガの原型と考える見方もあるが，すでに同時代的にこれらが存在していたという指摘もある．

女性の衣服は，ゆったりしたトゥニカと，ショール風の懸衣を組み合わせた例が「雌獅子の墓」の壁画にみられる．また，ギリシア風の着方をしているものや，クレタの衣服と似ている袖など，わずかな遺品からも様々な例をみることができる．またエトルリアには優れた工芸技術があり，ネックレスやイヤリング，ブローチなどの遺品が多数残されている．

b. ローマの共和制と帝制

前6世紀にはイタリア人がローマの都市をつくり，神殿や道路，水道などの建設を行った．前509年にはエトルリアの王を破って共和国となり，最高議決機関である元老院議員は貴族が独占していたが，のちに平民からも選出された．前270年頃にはイタリア全土を支配下に治め，周辺の地域をも次々と属州として支

┌───┐
│ ◆ **ポンペイの遺跡** ◆
│
│ 　南イタリア，ナポリの南東にある古代都市の遺跡．前79年のヴェスヴィオ火山の噴火により埋没したが，1748年に発掘された．神殿，円形闘技場，劇場，浴場などのほかに大邸宅も建てられ，また市街地には様々な商店がみられる．それらからローマ人の生活をかいまみることができ，さらに邸宅に描かれた壁画からは女性の服飾を知ることができる．
│
│ 　17歳の小プリニウスは，ヴェスヴィオ火山の噴火について，タキトゥスに手紙を送っている．そこには，いつもと違う雲が松の木のように湧き上がったこと，やがて灰や焼けた石が落ちてきたこと，そしてヴェスヴィオ山のいくつかの地点から幅の広い炎と背の高い火柱が輝いていたがやがて暗闇となって灰が厚く降り注ぎ，すべてを覆ってしまったことなどが述べられている．　　　＜佐々井　啓＞
└───┘

配した．前58〜前51年には，カエサルがガリア遠征を行っている．前27年にはオクタヴィアヌスにアウグストゥスの称号が元老院から与えられ，帝制を敷いて以後2世紀の間ローマは平和であった．そして地中海を制覇してヨーロッパの中心として各地に影響を与えた．

　ローマ帝国は395年に分割統治となり，ローマを中心とする西ローマ帝国は476年にゲルマン人によって滅ぼされたが，コンスタンティノープルを首都とする東ローマ帝国は15世紀まで続いた．

　ローマの文化は，エトルリア，ギリシアを中心として東方の文化をも吸収し，発展した．都市広場には劇場，凱旋門，円形競技場，浴場，水道橋など公共建築が多く建てられ，暦の修正やローマ文字によるラテン語の普及など，今日の文化の基礎を築いた．とくにキケロ，ホラティウスなどの文人や，歴史家であるプルタルコス，タキトゥス，哲学者のセネカ，自然科学のプリニウスなどを輩出した．

1）ト　　ガ

　トガ（toga）はローマの代表的な衣服である．形式はギリシアのヒマティオンのように1枚の布を身体に巻きつけるものであるが，弧の

図2.7　ローマ帝国初代皇帝アウグストゥスの像（前1世紀末）トガを着装．

2.2 ローマ

◆『エピグランマタ』◆

　古代ローマの代表的なエピグラム作家マールティアーリス（40頃-104頃）の主著．彼はローマ属州ヒスマニア生まれだが，ローマに出て詩人として名声が上がる．本書は1561編の短詩からなるエピグラム集で，人間の心情に対する辛辣な観察や権力者への厳しい批判がみられ，また当時の風俗への風刺もある．一例を紹介する．

　　前列の椅子（元老院議員の席）にいつも掛けているあの男が見えるか？縞めのうで飾った手がここからも光ってみえ，なんどもチュロスの深紅に染ました外套（ラケルナ）で，トガは処女雪をもしのぐ白づくり，髪ときたらこのマルケルス劇場いっぱいにぶんぶん臭い，毛を抜いた晩はつるつる光っている．まっさらな靴紐は三日月飾りの靴に横たわり，緋色のその靴は傷一つない足を飾っている（藤井　昇訳）．
　　　　　　　　　　　　　　　　　　　　　　　　　　　　　　＜菅原珠子＞

部分をもつ．初期のトガは男女ともに用いられ，小型でまとい方も簡単であったが，しだいに大きくなり，様々なまとい方が工夫されていく．その形は，横長の半円形，台形の斜めの線がカーヴしている形，楕円形などの説があるが確定はされていない．大きさは長い部分が4〜5m，高さが2〜3mと推定されている．基本的なまとい方は，一方の端を前の足の部分に垂らし，残りの布を左肩から後ろに回し，右脇下を通って再び左肩に掛ける．ゆったりと着付けたトガの襞にはそれぞれ名称が与えられた．前に大きく下がる部分はシヌス，胸のあたりの襞はウンボー，両足の間の垂れはラキニアである（図2.7）．

　帝制時代には，トガは公式の服装としてますます格式が整ってくる．一般市民のトガは羊毛の自然色であり，ローマ市民を他の民族や非自由人と区別するものであった．晒（さら）した白色のトガは官吏候補生のもの，また，晒した白色に幅の広い緋紫の縁飾りのついたトガは官職者の公服である．緋紫地に一面に金糸の刺繍があるトガは凱旋将軍や皇帝が用いる最も豪華なものであり，絹でつくられることもあった．緋紫は，「テュロスの紫」といわれ，地中海沿岸の町テュロスからもたらされた貝のエキスで染めた紫であり，その貴重さと美しさのために権力者の象徴として染められたのものである．

　また，トガは常に洗濯をして白くしておかなければならず，そのために何着かそろえていることが必要であった．

　トガはしだいに大きく，重くなっていったため，公的な場以外には略式の衣服

図2.8 墓石の浮彫り（前4世紀）
左：トゥニカ，マント．右：大型のマント．

図2.9 婦人像（1世紀半ば）
ストラとパルラ．

図2.10 ストラとパルラを着る女性（ポンペイの壁画）

がみられるようになった．晩餐用衣裳として用いられたシュンテシスは，トゥニカの上に下部にのみにまとう小型のトガのようなものであったらしい．

2) トゥニカ

トゥニカ（tunica）は，トガの下に着用しているシャツ型の衣服である（図2.8）．その起源は，布を二つ折りにして両脇を閉じた形であったが，やがてT字型のものもみられるようになった．男性用は膝丈，女性用は長い丈である．素材は，毛，麻，木綿，絹など様々であり，2枚重ねて着られるようになると身分表示の役割をももつようになった．騎士が用いたトゥニカには2本の緋紫の線状の飾り（クラヴィ，clavi）が付き，その飾りの幅が広いものは元老院議員用である．また，緋紫地に金糸の刺繡のあるトゥニカは，凱旋将軍や皇帝が着用した．トゥニカは3世紀頃にはゆったりしたダルマティカへと変化していった．

トゥニカの上には様々な外衣が用いられた．パリウムはヒマティオンの系統の大きな方形の布であり，その形は変化するが東ローマ帝国にも受け継がれる．クラミス系のマントであるラケルナは半円形またはそれに近い形で様々な色があり，トガの上に羽織られることもあった．パエヌラは貫頭型で，トゥニカの上に用いる防寒用や旅行用のマントである．フードのついたものもあり，様々な人々

に用いられている．また，大型のマントであるパルダメントゥムは将軍や将校が用い，兵士は長方形のサグムを用いた．脚衣にはホーザという靴下をつけていた．

ローマ人は周辺の諸国を従え，ゲルマン人の穿いていたズボン（ブラカエ）を兵士の服装にとり入れた．ズボンは野蛮な風とみられていたがしだいに着用者が多くなり，4～5世紀には市内での着用がたびたび禁じられた．

3) ストラとパルラ

女性は初期にはトガを用いていたが，やがてトガはつけなくなり，内衣としてのトゥニカとストラ（stola）を着用するようになった．トゥニカは男性のものと同型であるが，丈が長い．ストラは美しい色物もあったようで，トゥニカと同型かまたはペプロスやキトンに似た形であった．ゆったりと着付け，胸の下や腰に帯を締めてたるみをつける着方が多い．

ストラの上にはパルラ（palla）というヒマティオンに似ているショール状の布を巻く．パルラは毛，麻，絹などでつくられ，留め金で留められたが，2世紀頃には頭から被る姿がみられるようになる（図2.9, 2.10）．

このような服装は3世紀頃にはダルマティカへと変化していき，用いられなくなっていった．

3

中世 I：5 世紀から 10 世紀

3.1 東ローマ帝国

　勢力の弱まりつつあったローマ帝国が再び強い支配を行うために，コンスタンティヌス帝はキリスト教を公認し，330 年にビザンティウムをコンスタンティノポリス（コンスタンティノープル）と改称して都を移した．395 年に帝国は東西に分割され，西ローマ帝国は 476 年に滅亡したが，東ローマ帝国（ビザンティン）は 1453 年まで存続した．

　東ローマ帝国の文化には，古代ローマ美術の伝統を受け継ぎながら，地理的な特徴を生かしたアジアの影響をみることができる．

a. トゥニカ，ダルマティカ

　東ローマ帝国はローマの衣服を基本としており，男性は膝丈のトゥニカ，女性は踝までの長いトゥニカを用いている．袖口や裾に縁取りがなされたり，縦にクラヴィという条飾がついたものや，円形，方形の飾りがついたものもみられる．

　ローマのキリスト教徒達に用いられていた袖口の広いダルマティカ（dalmatica）は，縦に 2 本のクラヴィがついたものが多い．男女ともに用いられ，厚地の毛織物や麻と羊毛の交織などでつくられた．クラヴィはしだいに装飾的になり，様々な模様が織り出された円形や方形の装飾がなされた．

　また，脚部をおおう靴下のホーザと，ローマでたびたび禁止されたズボンであるブラカエは，一般市民の膝丈のトゥニカに組み合わせて用いられている例がみられる．

b. パリウム，パルダメントゥム，ロールム，パルラ

外衣としては，ローマのパリウム（pallium）がダルマティカの上に巻かれていたが，やがて大きなマントであるパルダメントゥム（paludamentum）がみられるようになる．パルダメントゥムは台形または方形であると考えられ，留め金で右肩に留められ，胸のあたりにタブリオンという方形の装飾がつくのが特色である．

10世紀の浮彫り（図3.4）には，豪華な模様のある織物でつくられたパルダメントゥムを着ている女性が右側にみられる．

さらにトガがそのドレーパリーを失い，幅の広い帯状の布となってダルマティカの上に巻かれるようになった．これをロールム（lorum）といい，幅25 cm，長さ5 mほどの布で，表面には織文様があり，宝石などで飾られていたようである．

また，女性は，ストラの上にショール状のパルラ（palla）を巻いていたローマの着方が継承され，トゥニカやダルマティカの上に様々な色調や模様のある織物

◆ **織物**（コプト・ビザンティン）◆

4世紀から7世紀にかけて，キリスト教化されたエジプトの人々はコプトと呼ばれ，独特の芸術を生み出していた．とりわけ織物に優れた作品が残されている．それらは，墓地の死者の衣服として出土したものである．白麻地に帯状の飾り（クラヴィ）や円形，方形の装飾で，羊毛の緯糸を用いて綴織の技法で文様を織り込んだものがある．現在コプト織として展示されているのは，この部分である．文様の主題は，古代の神話に基づくもの，キリスト教を象徴するもの，ペルシア系の狩猟文や騎馬文など多様である．

一方，首都であるコンスタンティノポリスでは，優れた織物が製作されていた．333年にコンスタンティヌス帝は勅令によって，緋紫（テュロスの紫）で染めた織物と金の錦織を宮廷専用とし，それらの販売を規制した．

また，中国から輸入されていた絹織物は，ついに552年に蚕がもたらされ，コンスタンティノポリスで絹織物が生産されるようになった．そして，宮廷直属の工房では，西ヨーロッパ各地に優れた織物を供給した．アーヘン大聖堂の円文に4頭立ての馬車が配された織物や，サンス大聖堂の円文に獅子を左右に従えた人物の織物，さらには植物文様や空想的な動物文様など，ビザンティン織物の様々な遺品をみることができる．

<佐々井　啓>

でつくられたパルラが用いられた．

c. 絵画資料

ラヴェンナにあるモザイクには，6世紀のユスティニアヌス帝の時代の服飾があらわされている（図3.1，3.2）．

まず，ユスティニアヌス帝は，膝丈の白いトゥニカ状の衣服にタブリオンのついた紫のパルダメントゥムと紫のホーザをつけている．右側に並ぶ司教達は，細いクラヴィのついた袖口の広いダルマティカを着，大司教はその上にチャジュブル（chasuble）という貫頭式の衣服を重ね，パリウムをまとっている．左側の騎士達は，トゥニカとパルダメントゥムである．

テオドラ妃は装飾のついた長いトゥニカに紫のパルダメントゥムをつけている．パルダメントゥムの裾には，マギの礼拝の場面が刺繍されている．冠と幅の広い襟飾りをつけ，豪華な装いである．右側の侍女達は，様々な文様の織り出された長いトゥニカの上にパルラをショールのように巻いている．

聖アポリナーレ・ヌォヴォ教会の行列をしている聖女達のモザイク（図3.3）では，長いトゥニカに白のダルマティカ（またはコロビウム，colobium）を重ね，さらに金地に模様入りのパルラを巻いている．さらに頭にはヴェールがかけられ，ダルマティカの中央には帯状の布が装飾的に下げられている．

10世紀頃の写本挿絵やモザイクにも同様の服飾がみられるが，11世紀後半のコンスタンティノポリスのハギア・ソフィア聖堂には，トゥニカの上にダルマティカを重ね，豪華な帯状のロールムを巻きつけているコンスタンティヌス大帝が

図 3.1 ユスティニアヌス帝と従者達（聖ヴィターレ教会，526〜548年）
トゥニカ，パルダメントゥム，ダルマティカ．

図 3.2 テオドラ皇后と侍女達（聖ヴィターレ教会）
トゥニカ，パルダメントゥム，パルラ．

3.2 初期西ヨーロッパ

図3.3 殉教聖女の行列（聖アポリナーレ・ヌォヴォ教会，6世紀）

図3.4 ロマノスとエウドキア（パリ国立図書館蔵，10世紀）

◆ **ラヴェンナのモザイク** ◆

ラヴェンナは，イタリア北部の都市，アドリア海に面した港町として栄えていた．404年，西ローマ皇帝がここを都として栄えたが，540年にビザンティン皇帝により征服された．424～425年のガルラ・プラッチーディア廟をはじめとしてたくさんのモザイクで装飾された建築が残っている．

547年に献堂された聖ヴィターレ聖堂は八角堂形式であり，内陣半円蓋には聖者と司教を伴ったキリスト，側壁にはユスティニアヌス帝とテオドラ妃のモザイクがある．柱頭の装飾は東方の影響がみられる．聖アポリナーレ・ヌォヴォ聖堂は504年頃に建てられ，身廊上部の側壁には3層のモザイクがある．下段にはキリストや聖母子のほかに，聖人，聖女の行列があらわされている．＜佐々井 啓＞

描かれている．さらにロマノスとエウドキアの戴冠の象牙板には，ロマノスがトゥニカとダルマティカの上に貫頭衣風の新しい形のパリウムをつけている（図3.4左）．

3.2 初期西ヨーロッパ

a. ゲルマン，ガリア

ゲルマン民族の大移動（5世紀）以前の西欧および北欧は，様々な種族の混在

図 3.5 銀盤（前 1 世紀）

していた地域であった．そのなかでもケルト人は前 1100 年頃から 5 世紀に至るまで，アイルランド，イングランド，ドイツ北部，ガリア，イベリアへ進出し，優れた文化を形成していた．とくに腕輪，耳飾り，フィビュラ，バックルなどの金属細工は各地から出土している．

ケルト人の衣服ははっきりしていないが，テュニック状の上衣とズボンまたはスカート状の下衣の組合せであったらしい．

ゲルマン人は紀元前数世紀間に北欧から西欧にかけて移住していた．前 1 世紀頃の銀盤には，細長い袖のついたぴったりしたトゥニカに，膝丈のズボン状の下衣を着けた人物が描かれている．ガリア地方にいたゲ

◆『ガリア戦記』◆

ローマの将軍であり政治家であるカエサル（シーザー，前 103 頃-44）の作といわれる．ローマ軍のガリア（今のフランス地方）遠征（前 58～51 年）を記録したもので全 7 巻．最後の 1 巻は部下の執筆とされる．

ローマとガリアの関係は，遠征より 300 年くらい前から続いていたというが，ローマが南ガリアに進み，部族の言語や文化，風俗をローマ化し始めた．一方ガリアには，東からライン川をこえてゲルマン人の進出もあり，ガリア人の蜂起となったらしい．この書は戦争記録が中心であるが，ガリア人とゲルマン人との風俗や性格の違い，両者の比較も書かれている．一部を引用する（近山金次訳から）．

　ガリー人が最も喜び莫大な代価をおしまない駄馬についても，ゲルマーニア人は輸入したものを使おうとしない．自分のところで生まれたものは貧弱で不恰好であるが，日常の訓練で重労働に耐えられるようにする．(4-2)

　ガリー人がことを企てやすく，一般に変革を好む気まぐれな性格があることを思うと，まかしておくわけには行かないと思った．ガリアの風俗では旅人がいやがっても無理にひきとめ，それぞれ耳にしたことや知っていることを聴きたがる．(4-5)

<菅原珠子>

3.2 初期西ヨーロッパ

> ◆『ゲルマーニア』◆
>
> ローマの歴史家タキトゥス（55頃-115）の作．古代のドイツ地方に関する最も重要な作品とされている．古代ローマ国境の北の広い地域に住むゲルマン人の各部族や土地の特徴，風習について非常に簡潔に書かれている．とくに風習に関しては経済，兵制，神々，司法，婚姻，食料，服装，奴隷，送葬など，細かい項目にわけて書かれ，古代ゲルマン人の様子が推測できる．「服装」の項を抜粋する．
>
> 　すべての衣服としては短い套衣（サグム），これを締金やとげでとめる．富裕なものは内衣（ヴェスチス）によってみわけられる．それはぴっちり身について関節の一つ一つがはっきりあらわれるごときもの．彼らはまた野獣の皮を着る．女にも男に異なる服装はなく（中略）多く麻の布片を纏い，これを茜色で染め分けにしているにとどまり，なお，その衣服の上部を伸ばして袖にすることもなく，一の腕，二の腕は裸であるのみならず，これに接する胸の一部も露わである．彼らにはいまだ（南方との）交易による装身の具が一つも及んでいない（田中秀央，泉井久乃助訳）． 　　＜菅原珠子＞

ルマン人の様子は，タキトゥスが『ゲルマーニア』に述べていることから推察できる．

　デンマークで出土した毛織物の衣服は青銅器時代のものと推定されるが，男性用はシャツ型の上衣とズボン，クローク，女性用は襟あきにスリットがある袖つきの上衣，組紐のベルトのついたギャザースカートなどである．

　また，ローマ人によって征服されたガリア地方の人々をガロ・ロマンと呼ぶが，男性の衣服はテュニック型の上衣に半ズボン状または長い丈のブラカエ，女性はトゥニカ1枚を着用することが多かったようである．さらに，彼らが好んで用いた頭巾つきのマントはローマ帝国全土で流行したという．

b. フランク王国

　西ヨーロッパでは5世紀末頃に今日のフランス，ベルギーを含む地方がフランク族のクローヴィスによって統一され，フランク王国が成立した．

　男性は膝丈のトゥニカにブラカエをはき，足には靴下状のホーザやゲートルが用いられた．マントは右肩か中央で留め，膝丈かそれより少し長い丈もあったようである．

8世紀の終わり頃，シャルルマーニュ（カール大帝）が西ヨーロッパを統一し，800年にローマ教皇からローマ皇帝の冠を授けられ，西のローマを受け継ぎ，西ヨーロッパの発展の基礎を築いた．

しかし，シャルルマーニュの死後，まもなくフランク王国は分裂し三分されて，後にフランス，ドイツ，イタリアの三国となっていく．

シャルルマーニュの服装は，アインハルトの『カール大帝伝』に述べられている．彼は皇帝の地位を得てもローマ風の衣服を好まなかったが，ローマ教皇の前に出たときにはローマ風の長い上衣と外套をつけ，ローマ風につくられた靴をはいた．また，祝日には金糸の織物の衣服に宝石をちりばめた靴，黄金の留め金で留めた外套，黄金宝石の冠をつけて出かけた，という．

しかし，日常には「祖国の着物」すなわちフランク風の衣服を好み，麻布の下着と亜麻布の股引，絹の縁取りのあるトゥニカとズボン状の脚衣をつけ，脛(すね)には脚絆(きゃはん)を巻いていた．また，冬にはカワウソやテンの皮でつくった胴よろいをつけ，紫紺の外套をはおっていた．

この服装は定着し，870年頃の『シャルル2世の聖書』の挿絵には，シャルル2世がトゥニカに長いマントを右肩で留め，王座に座っている姿がみられる．また，両側にいる従者は，縁飾りのある膝丈のトゥニカにブラカエをはき，右肩でマントを留めており，シャルルマーニュの日常的なスタイルと同様であったといえよう．

◆ **シャルルマーニュ（カール大帝）**(742-814) ◆

フランク王ピピンの子．在位768～814年（西ローマ皇帝800～814年）．古代ローマ帝国の栄光とユスティニアヌス帝のビザンティン帝国の繁栄と文化を理想とし，古代復興と新しいキリスト教文化の形成を目指し，カロリング朝美術を実現した．ドイツのアーヘンにラヴェンナの聖ヴィターレ教会を模した八角形の宮廷礼拝堂を建立した．また，写本や金工などを奨励し，写本は最も重要な分野として古代的な人物表現に優れている．教会の宝物館には，様々な遺品が残されている．また，聖人やキリストなどの丸彫像も製作され，カール大帝といわれる騎馬小像がルーブル美術館に所蔵されている．　　　　　＜佐々井　啓＞

4

中世Ⅱ：11 世紀から 15 世紀

4.1 11 世紀から 12 世紀

　10 世紀前半には現在のドイツにあたる地域でオットー 1 世が王位につき，962 年に教皇から帝冠を授けられ，後の神聖ローマ帝国の始まりとなった．
　フランスでは 987 年にカペー朝の王が支配したが，領土は狭く，王権は弱かった．このころ，ヴァイキング（ノルマン人）が勢力をもち，北フランスにノルマンディー公国を建てた．やがて 1066 年にノルマンディー公ウィリアムがイングランドを征服し，イギリスにノルマン王朝を建てた．
　この頃封建社会も安定し，人口の増加とともに都市が発展し，商業の隆盛とともに交通の発達がもたらされた．また，キリスト教が広まって，聖地に向かう十字軍の派遣が 1096 年に始まった．その結果，東方との貿易が盛んになっただけでなく，ビザンティン文化やイスラム文化との接触によって，西ヨーロッパの文化は大きな影響を受けた．

a. 騎士の服飾

　「バイユー・タピストリー」には，イングランドとノルマンとの戦いが描かれている．刺繍であるため，判断の難しい描写もあるが，様々な人物をみることができる．
　まず，髪を剃りあげていて，半ズボン状の下衣を着けているのはノルマン人である．アングロ・サクソン人は髭があり，スカートにみえるが，ズボンをはいているようである．彼らは脚にはショース（ホーズ）をつけて靴をはき，大きなマントをつけている．王座にいるエドワード王やウィリアムは長い衣服とマントを

4. 中世Ⅱ：11世紀から15世紀

図4.1 トゥニカ，マント，ショース
バイユー・タピストリー，1066年頃．

図4.2 鎖鎧，ヘルメット，楯
バイユー・タピストリー，1066年頃．

つけている（図4.1）．

武装には円錐形のノルマンの鼻当てつきヘルメットと短い袖のついた鎖帷子を用いている．鎖帷子には脇にスリットがあり，脚のまわりがズボン風にくくられている様子がよくわかる（図4.2）．

┌──── ◆ バイユー・タピストリー ◆ ────┐

バイユー・タピストリーは，1066年のノルマン・コンクェストの様子をあらわしている．幅50 cm，長さ70 mの麻布に青（3色），緑（2色），赤，黄，灰色の8色で刺繍され，上下の縁取りの間にノルマンディー公ウィリアムのイングランド征服の58場面が左から右へと順次展開されている．主な物語は，イングランド王エドワードが後継者としてノルマンディー公ウィリアムを指名するために，義弟のハロルドにその使者を頼むところから始まる．ハロルドはその使命を受けてノルマンディに行き，ウィリアムに王の意志を伝え，忠誠を誓う．しかし，帰国後，王の死に際してハロルドは王位を継承する．それを聞いたウィリアムはイングランドに向かい，ヘイスティングスでの戦いでハロルドを倒し，ウィリアムは征服王として王座についた．

626人の人物が描かれ，戦いの場面ばかりでなく，食事の様子や葬儀，また上下の縁取りには畑を耕す場面やハレー彗星（1066年4月24日から5月1日）があらわされている．フランス，バイユー・タピストリー美術館所蔵．

<佐々井 啓>

b. ブリオー

　11世紀の終わり頃，新しい形の衣服が登場する．それはブリオー（仏 bliaud）といわれ，男女ともに用いられるが，大きなスカート部とゆったりした袖をもち，ふくらはぎから踝までの長い丈である．襟あきにはスリットがあり，そのまわりを幅広な縁取りが装飾的布で付けられていることが多い．縁取りは袖口や裾にもなされている．12世紀末のフレスコ画「聖ジャイルズの奇跡」には，聖ジャイルズが自分の縁飾りのあるブリオーをブラカエのみの人に与える場面があり，ブリオーの形がはっきりと描かれている．また，聖ジャイルズは下着姿でいるのだが，これをシェーンズ（仏 chainse）といい，ブリオーと同様に縁取りがなされていることがわかる．下半身にはブレー（仏 braies，ブラカエ）をはき，靴下状のショース（仏 chausses，ホーザ）をはいている（図 4.3）．

　女性のブリオーは，上半身が比較的ぴったりとしていて，スカート部分にたっぷりとドレープがとられている．また，様々な袖がみられ，じょうご型に開いた形や，袖口近くで垂直に垂れ下がる広袖などがある．これらの袖は下部に結び目をつくっているものもみられる．下には男性と同様に細い袖のついた麻製のシェーンズを用いていた（図 4.4）．

　女性の髪型は，中央で分けて両側に長く編みたれたスタイルが特徴的である．額には花冠やバンド状の飾りがなされることもあった．また，ウィンプル（winple）という小型のヴェールを頭に被ることもあった．

図 4.3　膝丈のプリーツのあるブリオー，ベルト（左と右の男性）と細い袖に襟と袖口に縁どりのあるブリオー（中央の女性）（12世紀前半）

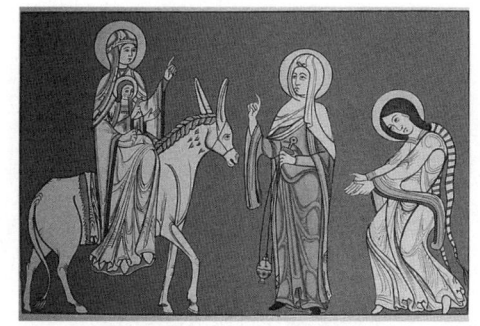

図 4.4　ラッパ袖のブリオー，ウィンプル（左）と袖口が垂れ布状になっているブリオー（中，右）（12世紀）

12世紀中期の彫像には，繊細なドレーパリーのブリオーを着ている姿がみられる．これは，東方の絹などの薄布に細かにプリーツを施したといわれており，そのためにいっそう，上半身は緊密に着装される．さらに腹部にみられる横のプリーツは，後ろで紐締めしているためであると考えられている．いずれにしても，縦横のプリーツが複雑な表現をかもし出している．このタイプのブリオーには，しばしば装飾的な胴着（コルサージュ）が重ねられた．その上には，豪華な飾りのついたベルトが，後ろで交差して前で先端を結びたれるように巻かれることもあった．

 ブリオーの上にはマントが用いられた．マントは膝丈のものからしだいに長くなり，踝までの丈や引き裾となるほど長いものがみられる．絹の豪華な布地でつくられたマントは，表地と対照的な色の裏地をつけたり，白テンや黒テンの毛皮が裏打ちされているものもある．中央または右肩で留められるが，女性は飾り紐でゆったりと結ぶ着方が多い．

 靴には様々な種類があり，浅いもの，深いもの，ブーツ型などがある．ボタンやバックルで調節されたり，編上げ式のものもあった．素材は革のほかに，絹や金銀糸入りの織物など，装飾的な靴も多かった．

◆『ローランの歌』◆

　12世紀中頃に成立した叙事詩．中心テーマは778年にシャルルマーニュ（カール大帝）がイスラム軍と戦った歴史的事実であるが，風俗は12世紀初頭あたりである．ローランによってイスラム軍への使者に選ばれたガヌロンの怒りと反逆，ガヌロンによるシャルルマーニュ軍の指揮者としてのローランの推挙，激しい戦闘の場面，反逆者ガヌロンの裁きという構成である．
　服飾描写のある部分をいくつかとりあげてみよう（佐藤輝夫訳）．
・ガヌロンありありと苦悶を面輪に現わして，貂（martre）の大いなる皮衣，肩よりさっとひっぱずし，練り絹のブリオー（bliaut de soie）一つとなる
・（ガヌロン）かく述べて，アレキサンドリアの練絹の裏打ちしたる，黒貂（zibeline）のマント，さっと地面に脱ぎ棄てたれば
・甥のローラン，皮鎧（broigne）に身を固めて，跳んで参った
・四十万の軍勢，わたくしの眼前にて，おのおの鎧（haubert）を着こみ，大方は兜の緒を締め
・網の目細かな白色の鎖鎧（haubert）を打ち切って

<佐々井　啓>

4.2 13世紀から15世紀

十字軍をきっかけとして西ヨーロッパ諸国では商業が飛躍的に発展した．それには，毛織物業の発達と，北欧からの木材や毛皮，イタリアからの絹織物などがもたらされたことが大きい．そして各地の定期市で商品が取引きされた．商人や職人はギルドを結成し，しだいに都市の生活は充実してきた．豊かになった都市の人々は，町のシンボルとして鐘楼や時計塔を建て，それらはゴシック様式の尖塔やステンドグラスのある大聖堂の建設とともに特徴的なものとなった．また，知識人はラテン語によって学問や知識の交流を行い，さらに各地の言語による騎士道文学や吟遊詩人による宮廷恋愛の歌など，様々な文学が生まれた．

a. コット，シュルコ

コット（仏 cotte）はテュニック型の衣服で，毛織物でつくられ膝丈や長い丈のものがある．シュルコ（仏 surcot）は，「コットの上に着るもの」という意味で，重ね着されるものである．したがって様々な形がみられ，袖なし，垂れ袖，袖口の広がったものなど，変化が楽しまれた（図 4.5）．

下着としてはシュミーズが用いられた．これは前のシェーンズと同様である

図 4.5 コット，シュルコ，シャプロン，ショース，靴（農民の服装，14世紀中頃）

図 4.6 悪徳を踏みつける徳，1275年（ストラスブール教会）

が，薄地の麻布あるいは絹製のものもあった．細い袖があり，丈は男性の場合には様々であるが，長いものにはスリットがあったようである．

『聖王ルイ物語』には，1241年にソミュールで開かれた晩餐会の折の人々の服装が記されている．そこでは，ナヴァール王は「コットにサミット織のマント」を着ていて，マントには皮紐や留め金具がつき，金色の頭巾を被っている，とある．また，30人の騎士達は「絹のコット」を着用し，ルイ王は「インドのサミット織のコットにシュルコを着，アーミンの毛皮をつけた真紅のサミット織のマントを着け，木綿の頭巾（シャペル）」を被っていた，と記されている．

女性のコットは上半身が緊密で，スカート部は大きく広がった形であり，細い袖がつく．その上には袖なしや変わり袖のついたシュルコを重ね，シュルコの袖をもち上げてコットとの色の対比を見せたようである．下着にはシュミーズが用いられ，細い袖とたっぷりしたスカートは麻や絹製である．ストラスブール教会の「悪徳を踏みつける徳」には，これらのコットとシュルコを着た女性がみられ

◆『カンタベリー物語』◆

中世イギリスの詩人ヂェフリー・チョーサー（1340頃-1400）の傑作．物語のプロローグは，ロンドンの旅館にカンタベリー巡礼に行くために泊まり合わせたあらゆる身分・職業の29人の男女の紹介に始まる．1人1人の性格や服装が丹念に描写されている．西脇順三郎の訳から一部を抜粋引用する．

騎士は立派な人物で馬も立派だが，コール天の上着（フュスチアンジポン）は鎖帷子のためにひどく汚れていた．彼の息子は20歳位の乗馬の上手い騎士見習い．長い広いたもとのついた短い上衣（ガウン）は，白や赤の花のようにみえる刺繍をしてある．尼さんは尼寺の長で，快活で愛想よく礼儀作法も心得ていた．きちんと折り目のついた尼頭巾（ウインプル），上品にみえる外套，珊瑚珠に緑の玉を配した念珠を胸のところにかけていた．自分の説を吹聴して金儲けの話をほのめかす一人の貿易商は，二またに分れたあごひげをはやし，まじり色の服を着，フランドルの海狸の毛皮の帽子，立派な締め金のついた深靴をはいていた．バース近辺から来たおかみはあだっぽく色白でしっかりもの，上等の布地の尼頭巾で顔を包み，つばの広い帽子，猩々緋で足にぴったりした長靴下をつけている．

ほかに法律家，医学博士，様々の商人や職人などがいる．本論は彼らが道中で交替で語る話が綴られている． 〈菅原珠子〉

る（図4.6）．また，エックハルト夫人ウタの像では，上からマントが組み合わされている．

1220年頃に書かれた『バラ物語』前編には，当時の美しい織物や服飾についての細かな記述がある．庭園の門番「閑暇」は「金銀刺繍のシャペルの上にバラの冠」をつけ，絹紐が縁に縫い付けてある「豪華なガン製の緑のコット」を着て，「白い手袋」をはめている．「鷹揚」は，襟の閉じられていない，美しく形づくられた「サラセン風の新しい衣服」とシュミーズを着ている．また，「愛の神」が主人公の胸に鍵をあてて，愛に苦しむ心を閉じ込めようとする場面では，「オーモニエール（小袋）から上手に作られた小さな鍵を取り出し」とあり，写本挿絵にもオーモニエールがベルトから下げられている．

b. コタルディ，シュルコ・トゥヴェール

コタルディ（仏 cothardie）は，「大胆なコット」という意味であり，身体の線を強調し，膝上の丈で腰にベルトを締める．『フランス大年代記』（1380頃）の挿絵には，騎士がコタルディを着用した姿が描かれている（図4.7）．

またコタルディは女性の衣服の名称にも用いられる．コット，シュルコに比べて上半身から腰にかけて身体の線を露わにするようにフィットした形であり，ス

図4.7 フランス大年代記（14世紀）　　**図4.8** シュルコ・トゥヴェール，コタルディ，詰め物をした頭飾り（14世紀末）

カートは大きく広がっている．腰にはベルトがつけられることもあり，男性のコタルディと似ている．襟あきは大きく，袖は肘のあたりで帯状の垂れ布を残して切り落とされたり，帯状の別布を長く垂らしたりされた．

女性のコタルディは，しばしばシュルコ・トゥヴェール（仏 surcot ouvert）と組み合わされて用いられた（図 4.8）．これは，「開いたシュルコ」という意味で，袖ぐりが大きく腰のあたりまで開いた袖なしのシュルコである．前後の身頃は胸当てのような形であり，前身頃は極端に狭くなって袖ぐりの縁取りが中央で合わさるほどのものもみられる．胸当て状の部分や袖ぐりは毛皮で覆われたり，前中央に飾りボタンや宝石がつけられたりした豪華な衣服であった．また，大きく開いた袖ぐりからはコタルディの腰のベルトがのぞいている．この組合せは 14 世紀末から 15 世紀の間に女性の儀礼的な装いとして用いられている．14 世紀末の彫像であるベリー公の妻ジャンヌ・ド・ブローニュやイザボー・ド・バビエール，さらに多くの絵画にもみることができる．

c. プールポワン

男性のコタルディとよく似た形で，詰め物をして刺し子にしたものをプールポワン（仏 pourpoint）という．もとは武装の間着として着られていたものであるが，しだいに身体に密着し，丈も短くなって流行する．シャルル・ド・ブロワの

◆ バラード『冬に対する勧告』◆

14 世紀後半の詩人デシャン（1346–1406）は，『冬に対する勧告』という詩のなかで，衣服の名称をあげてうたっている．

　　冬があなたをおそう前に，りっぱな甲冑とりっぱな毛のついた布靴を，
　　上靴と，尼僧のはく鋼鉄の靴を備えなさい．
　　毛皮の裏をつけたプールポワンと，その上に金属の小片をつけて，
　　部分的に傷つけられないように腕よろいをつけなさい．
　　ジャックか大きなコタルディを手に入れなさい．
　　手袋のために，毛皮商に行って注文しなさい．貂や銀リスの毛皮と，
　　大きなシャプロンとひさしのある角頭巾と，
　　ラクダの皮とたくさんの羅紗を喜んで買いなさい．
　　備えなさい，冬があなたをおそう前に．　　　　　　　　＜佐々井　啓＞

プールポワン（1364年頃）はほぼ完全な形で残っている遺品である．彼の紋章であるライオンと鷲が交互に八角形の枠に配された錦でつくられ，身体にフィットするように複雑な裁断，縫製がなされている．さらに前中央には32個のボタン，袖口には20個のボタンで留められたことを示すボタンホールが残っており，その特徴をよく示している．このような表着として用いられたプールポワンは，コタルディとの区別が難しい．また，ジャック（仏 jaque）とも呼ばれていたようである．ジャックは英語ではジャケットといい，今日の衣服の名称として続いている．

1392年のフロワサールの『年代記』には，国王は「黒いビロードのジャックを着ていたので暑くなった．そして頭には，真紅のエカルラット（純毛地）のシャプロンと大きな真珠飾りのあるシャプレを被っていた」と述べられている．

15世紀の男性の上衣には様々な変わり型がみられる．それはとくに袖に特徴があり，パフスリーブに細い袖がつなぎ合わされたものや，上腕部にスリットがあり，そこから腕を出すものや，バグパイプ風に大きな膨らみがあって袖口が小さく締まったものなどがある（図4.1参照）．

◆ **タピストリー** ◆

　タピストリーは，地となる経糸（未晒しの羊毛糸）に，文様を織り出す緯糸（細い羊毛糸）を往復させて織る．緯糸は25色程度であり，段ぼかしという技法で濃淡や陰影をつける．下絵を画家が描き，織師が背後に置かれた下絵をみながら織る．使用法は，教会では壁面や聖職者席の仕切り，垂れ幕であり，世俗建築では国王や貴族の館の壁面装飾，間仕切り，カーテンの役割をしている．主題には，①紋章，花押，千花文様，②キリスト教にかかわるもの，③歴史や古代の物語，④騎士道精神，⑤空想的主題，⑥日常生活や労働の場面などがあり，当時の風俗を知る上で貴重な史料である．

　主な作品は，「アンジェの黙示録」(1373〜79年)，貴族の狩猟の場面を描いた「狩猟」(1430〜50年)の4点セット，宮廷趣味と幻想性が結びついた「野蛮人の舞踏会」(1460〜70年)，千花文様の背景に6点セットの「貴婦人と一角獣」(1480〜90年)などがある．また，フランドルの画家ファン・デル・ウェイデンの下絵によるタピストリーなどもある．

　　　　　　　　　　　　　　　　　　　　　　　　　　　　　＜佐々井　啓＞

d. ウプランド，ローブ

　ウプランド（仏 houppelande）は1360年頃に登場した新しい形の寛衣である．膝丈のものと長い丈のものとがあり，立襟がつき，袖は広くて大きい．袖の形は，バグパイプのように肩から大きく膨らみ，袖口で絞ったものや，ラッパのように袖口が広がっているものがある．広がった袖口には，多数の切込み装飾がなされ，裏地の毛皮を折り返して着ている姿がみられる．裾にも同様の切込み装飾がなされているものがある．素材には絹織物で豪華な色や模様のある錦，ビロードや，毛織物などが用いられ，15世紀中頃まで流行した．ベリー公の『時祷書』や多くの絵画，タピストリーに華やかな宮廷の衣裳としてあらわされている．フロワサールの『年代記』には，1385年の羊飼いの会話に，「新しいモードであるウプランドを着てみたい」とあり，さらに「身幅はゆったりとしているので夏は涼しく，冬は中に着込めるから暖かい」と述べている．また，1392年には「国

◆ ベリー公の『時祷書』◆

　ベリー公ジャン（1340-1416）はフランス王ジャン2世の第3子で，兄弟はフランス王シャルル5世，アンジュー公ルイ1世，ブルゴーニュのフィリップ豪胆公．いずれも芸術の保護者として，国際ゴシック様式の開花に貢献した．ベリー公は多くの画家を召し抱え，『ベリー公の詩篇集』，『ベリー公の大時祷書』，『ブリュッセルのいとも美わしき時祷書』，『ベリー公のいとも豪華なる時祷書』，『ベリー公のいとも美わしき時祷書』などの挿絵入り写本を製作させた．そのなかでも注目すべき作品はランブール兄弟の作である最後の2点である．『ベリー公のいとも豪華なる時祷書』には，月暦図12枚があり，月ごとに異なるベリー公の城館を背景として貴族や農民の生活を描いている．1月の祝賀の場面には背景に戦いの図のタピストリーが描かれ，テーブルについたベリー公が描かれている．また，2月は雪景色と暖をとる農婦達の場面，3月は羊飼いと葡萄の木の手入れをする人達と畑を耕す人，4月は野外での貴族の婚約の場面，5月は緑の衣裳を着て郊外に出かける貴族達，6月はセーヌ河岸で畑を耕す農夫達，7月は羊の毛を刈る人と収穫の場面，8月は郊外に鷹狩りに出かける貴族達，9月はソミュール城を背景とした葡萄の収穫の場面，10月はセーヌ左岸で畑を耕し種をまく人達，11月は豚のいる場面，12月はヴァンセンヌの森での猪狩りの場面が描かれている．『ベリー公のいとも豪華なる時祷書』：フランス，シャンティイ，コンデ美術館蔵．

<佐々井 啓>

4.2 13世紀から15世紀

図 4.9 王妃イザベルに本を献呈するクリスチーヌ・ド・ピザン（15世紀初め）
ウプランド，詰め物のかぶりもの，コタルディ，ウィンプル．

図 4.10 エナン，ローブ（15世紀後半）
「シャルル6世の仮面」より．

王はウプランドのみを着た．足もとには短靴が置かれた」との記述があり，ウプランドは羊飼いから国王まで流行したものであったということがわかる．

女性のウプランドは丈が長く，立襟でハイウェストにベルトを締めている．袖は男性のものと同様に大きく開いて切込み装飾がなされ，毛皮の裏のついたものもある．やがて襟が大きくなり，折り返って裏の毛皮をみせ，四角い襟のようにみえる形が多くなる．この形は，女流作家クリスチーヌ・ド・ピザンが王妃に自作の本を献呈する図にみられ，王妃と他の女性達はこの形のウプランドを，ピザンは垂れ布のついたコタルディを着用していることがわかる（図4.9）．

やがて，ウプランドの一部に上半身がフィットした形がみられるようになる．袖やスカート部の広がりはそのままであるが，折り返った襟から前後にV字型の襟あきを構成するようになり，ローブ（仏 robe）と呼ばれた．ローブの胸元には三角形の別布をあてている．その後，袖が細くなり，V字の襟ぐりと袖口，裾に毛皮の縁取りがなされるが，ゆったりしたスカートはそのままであり，ほっそりした上半身と対比的である（図4.10）．ローブにも豪華な布地が用いられ，真珠や宝石などを使用したアクセサリーをつけた華やかな装いは，1460年頃に描かれた貴族の婚礼の図の新婦にもみられる．

e. 靴下，靴，髪型，帽子，頭巾

男性の下半身には，ブレーとショースが穿かれる．ブレーはブラカエを引き継いだズボン状で，麻布で仕立てられ，ゆったりとしていて丈長であったが，上衣が短くなるにつれて短縮された．ブレーの下部はショースのなかに入れられ，ショースがしだいにその分量を増すようになる．

ショースはホーザといわれていた靴下であり，イギリスではホーズという．麻や羊毛，絹の布で仕立てられた膝下か膝上くらいの長さであったが，ブレーが短くなるとともにその長さを増し，腰に近いあたりでブレーと留めあわされた．やがて上衣の裾にショースを留める紐がつくようになった．その結果，ショースは男性の下半身を覆うズボンと靴下の両方の役割をもつ重要な衣服となり，脚にぴったりと仕立てられるようになって，男性の衣服の緊密化の傾向に大きな役割を果たしている．靴の流行と合わせて先端が尖った形につくられたり，靴底をつけて靴をはかないですむようにつくられたりした．

靴は足首までの短靴が多く，足を入れるスリットやボタン留め，バックルのついたものもある．素材は革，フェルト，厚地の絹など様々である．1360年頃か

図 4.11 ジャケットの変わり型の袖，ビーヴァーやフェルトの帽子（1468～70年）

図 4.12 ミ・パルティ（紋章のコタルディ）（14世紀後半）
右身頃：銀の帯のある紫の夫の紋，左身頃：銀地に6羽の緑のオウムと楯のついた紋．

ら先の細く尖った形が流行し，ポーランドからもたらされたためにその名を取ってプーレーヌ（仏 poulaine）と呼ばれた．はじめは先端が少し尖った程度であったが，やがて 30 cm くらいになり，1460～70 年頃には最も長く 60～70 cm にもなったため，羊毛や麻屑で詰め物をされたり，鯨骨で支えられたりした．また，先に鈴をつけたり，先端をもち上げてショースのガーターに留めたりした．雨の日など足元が悪いときには，底がついた革製の靴を用いたが，サンダル状の木靴（ガロッシュ）が考案された．この木靴は，ショースに直接穿かれることもあったようである．1470 年以降はしだいにつま先の丸い，幅広の靴になって，プーレーヌは廃れていった．

男性は髪を肩まで垂らしていたが，頭部は被り物で覆うことが多い．先端が尖ったフリジアン・ボネット，頭を覆うキャップはあらゆる人々に用いられた．キャップは，その上につばのあるハットやつばのないボネットが被られることがある．

最も特徴のあるものはシャプロン（仏 chaperon）である．シャプロンは頭巾に肩おおいのケープがついた形であり，しだいに変わり型を生み出していき，14 世紀から 15 世紀には広く流行した．はじめは頭巾の先端が尖り，やがて先端に鯨骨を入れて水平に保ったものや，管状の布（リリピプ）を先端から長く垂らしたものなどがある．また，詰め物をしたロールにケープ状の布がつき，ロールを頭に被ってケープの布をトサカのように襞を取ってたたんでのせた形が多く用いられた．これにも管状や帯状のリリピプがつけられ，長いものは首に一巻きして垂らしたり，ロールの上から顎をおおって垂らしたりした．

やがて 1460 年代にしだいに用いられなくなり，ブリムが小さく丈の高いフェルトやビーヴァーの帽子や，高いボネットが多くなった（図 4.11）．

f. ミ・パルティ

14 世紀にみられる左右色違いに仕立てた衣服をミ・パルティ（仏 mi-parti）という．ミ・パルティは，「色分けした」という意味であり，衣服の右と左を異なった色や模様で仕立てたものをいう．また，ショースの左右の色を変えてはく方法もある．14 世紀のイタリアの壁画には，様々なミ・パルティがみられる．アッシジの聖フランチェスコ教会の壁画（1320 年頃）には，楽士達が左右に異なる色や模様の衣服と帽子を着ている姿がみられる．また，シエナの市庁舎の壁画

にはミ・パルティの衣服を着た女性が描かれている．さらに15世紀には，「ボッカチオ・アディマリの結婚式の行列」やカルパッチオの「英国大使たち」には，片方に染め分けたショースが描かれている．

　フランスでは，奉公人の仕着せや道化にミ・パルティがみられる．『ベリー公のいとも豪華なる時祷書』には，1月と5月の場面に仕着せとして赤，緑，白などのミ・パルティのウプランドやショース，頭巾が描かれている．また，「野蛮人の舞踏会」のタピストリーには，赤と白のミ・パルティの上衣を着た道化がみられる．

　また，貴族では紋章のミ・パルティの衣装がみられる．これは，紋章の合わせ紋の方法であり，とくに女性は左に父の紋，右に夫の紋をつけた紋章衣のコタルディを用いた例がみられる（図4.12）．1340年の『リュトレル詩篇集』の挿絵には，妻と息子の妻がともに右側にリュトレル家の紋である「藍色地に銀の平行斜線と足無し鳥」，左側にそれぞれの父の紋をつけたミ・パルティの紋章衣が描かれている．

　このようにミ・パルティは様々な例があるが，第一に芸人や道化といった社会的に蔑まれていた職業の衣服として用いられていた．次に使用人としての職業服である仕着せがある．この場合は主家の紋章の色を組み合わせた場合も多かったようである．最後の紋章衣は貴族の特別な装いであるため，ミ・パルティの本来の意味とは異なっている．しかし，やがて貴族が描かれた絵画やタピストリーにおいてミ・パルティのショースがみられるようになったことは，趣味的な装いとしてとり入れられたと考えられるのではないだろうか．

◆ 紋章 ◆

　12世紀から15世紀のイギリス，ヨーロッパに特有なものの一つに「紋章」がある．写本の細密画や教会のステンドグラスの絵の中に，紋章の描かれた楯や槍旗，衣服などがみえる．紋章は騎士の楯に始まる．楯の図柄は戦場における装飾・識別のために必要とされた．中世の武具はおおむね個人の所有であり，楯も槍旗も父から子へと受けつがれ，その象徴的な図柄が世襲となったというのが通説である．

　その図柄がしだいに家柄，つまり所有の領地をあらわすようになり，地位や権力を示すしるしとなるに従い，一定の規則によって整理され，紋章を管理する紋章院ができ，紋章官や属官が管理などにかかわった．衣服や武具，家具の上の紋章は，戦時のみでなく，平時の馬上試合などの競技や式典の際にも用いられ，貴族，騎士に限らず，その家族にも用いられた．同家族でも長男，次男と区別する記号が加えられた．征服や婚姻による所領の変化もあらわされた．女性は結婚により夫の紋章と実家の紋章を合わせ紋にした．16世紀以降，貴族の紋章制度はなくなるが，王家には残り，現在のイギリス王家の紋章は当初以来の3匹のライオンに，スコットランドやアイルランドの紋章が加わり複雑な図柄となっている．ちなみに，多くの都市にも中世以来の紋章があり都市の歴史を伝えている．

＜菅原珠子＞

◆ 道化の衣裳 ◆

　中世のヨーロッパでは，小人やせむしなどが，幼い王子や王女の遊び相手として，宮廷に抱えられていた．彼らはむしろキリスト教における犠牲の山羊，つまり王者の代わりに罪を背負っている存在として大切に迎えられ，王に何を言っても許された．このように彼らには社会批評の自由がある代わりに，滑稽なお仕着せの衣装が与えられていた．彼らは先端に鈴が付いたロバの耳と頭の中央にトサカ状のものが付いた頭巾を被り，手には自分の肖像彫刻がついた錫杖をもって，滑稽な仕草をする．

　上衣は裾がギザギザで，袖は左右非対称，そして赤，緑，黄色などのまだら模様であった．ルネサンス時代に，絵画や文学そして祝祭儀礼などに頻出した道化衣裳は，宮廷道化師の特権であった社会批評を公然と行う隠れ蓑として機能したが，16世紀半ば頃からその威力を失っていった．

＜水谷由美子＞

5

16 世 紀

5.1 ルネサンスとイタリアモード

　ルネサンス（Renaissance）は，イタリア語のリナシータ（rinascita）を語源とする言葉である．古代ギリシア，ローマ文化への憧れ，人間性尊重を称える 15, 16 世紀の文化・芸術様式を指して，19 世紀以降に使われるようになった．イタリア諸都市は中世以来の東方との地中海貿易により繁栄していたが，1453 年にオスマントルコが東ローマ帝国の首都コンスタンティノープルを占領したことで亡命した古代文化や思想を維持していた文化人や芸術家を受け入れた．その中心都市は富と権力を背景とするメディチ家が支配したフィレンツェであり，東方貿易の拠点として栄え，共和制により自由社会を形成していたヴェネツィアである．

　経済的繁栄と文化流入の条件が整っていたイタリアで，いち早く新しいルネサンス様式が生まれた．都市生活の成長の中で市民の経済力も高まり，古代の自由社会への憧憬が強くなる．人々は中世以来の封建貴族やキリスト教の権力から徐々に解放されて，古代ギリシア・ローマ神話，貴族や市民の肖像画や風俗画が描かれるようになる．人物描写には，身体を隠そうとするゲルマン的でストイックな表現が少なくなり，モードには男女の身体の性的特徴がはっきりとあらわされるようになる．

　さて，視点を変えると，15 世紀末に大航海時代が到来し，16 世紀にはヨーロッパ諸国がアメリカ，アフリカやアジアなどの文化と出会い，互いを発見し，より親しい関係を発展させた時代である．日本では 16 世紀半ばのポルトガル人の漂着，そして続くイエズス会宣教師フランシスコ・ザビエルの来日など，日本史

> ◆「南蛮」服飾 ◆
>
> わが国の室町時代末期から江戸時代初頭に，ポルトガル，スペインによる交易やキリスト教の布教活動によって，広く西欧世界から，中国東南アジア，南方諸地域を経由して渡来した文化の影響は，美術，天文学，地理学，医学，航海術，信仰，食物，服飾などに及ぶ．これらを南蛮文化と呼ぶが，その概念は，西欧を中心とした諸外国の文化と，その影響を受けて日本人が創造した異国風の文物をも含めて広範囲に解釈され，南蛮服飾の分野もまた同様に捉えられている．
>
> 舶載の珍しい品々は，はじめは支配者層への贈答品であったが，受容とともにエキゾチックなデザインや手法が日本の伝統文化の中に浸透していった．ポルトガルからの渡来語に，ジバン（襦袢），カルサン（軽杉），カッパ（合羽），サラサ（更紗），ビロード（天鵞絨），ボタン（釦），メリヤス（莫大小），ラシャ（羅紗）など服飾にまつわる語が多いことからも，外来の文化がいかに親しまれたかがわかる．また南蛮服飾として現存する遺品には，武将達が所用したと伝えられる西欧の甲冑の機能性とデザインを模して造形された鎧・兜，ビロードやラシャなどの舶載の織物を陣羽織やマントに仕立てたものなどがあり，そこには異風な趣向が発揮されている．
>
> 異国情緒あふれる南蛮屏風やイエズス会系の画家が描いたとされる初期洋風画には，当時の日本人画家の視野で他国の人々が活写され，たとえば西欧で盛行の「襞襟」を着装する人物も多彩に描かれており，それらは人物の識別や編年などの検討にも興味深い資料となっている．また襞襟を着けた甲冑姿の皇帝や古代ローマ風の騎士の服飾描写からは，西欧ルネサンス絵画の反映が観察され，画家が手本をもとに学びながら制作に打ち込んだ姿が想像される．襞襟の伝世品には徳川頼宣（1602-71）が着用したと伝えられるもの（紀州東照宮所蔵）がある．
>
> <安蔵裕子>

がヨーロッパ史と初めて交差した．その結果，南蛮服飾の花が咲いたことはよく知られている．

ルネサンスモードは他の文化・芸術領域から遅れて，15世紀末にイタリアから生まれた．従来のゴシック様式のモードが建築造形と呼応して垂直構造を示し，先が尖っているのに対して，ルネサンスの特徴は水平構造を示し，各部の先が丸くなっている特徴がある．

社会的側面からモードをみると，都市の商工業の繁栄により，服装による貴族

5. 16 世紀

図 5.1 アザミをもつ自画像（ルーブル美術館蔵）
アルブレヒト・デュラー，1493 年．

図 5.2 ジョヴァンナ・トルナブオーニの肖像（ティッセン・ボルネミサ美術館蔵）
ドメニコ・ギルランダイヨ，1488 年．

と市民の差は縮まった．つまり，経済力を伴う身分が服装に影響を及ぼしている．このような社会的風潮に対する対応として，貴族達が階級的優位を誇示するために，奢侈禁止令が発布されたこともある．しかし，その効果は期待されるほどの結果を生まなかったようである．

5.2 服飾の誇張

　イタリアでは既成観念にとらわれない自由な精神から，広く市民階級の人々までもモードを楽しむ環境にあった．豪華な素材が人々の姿を飾るようになったのは，この時代に自国繊維産業がおこされたためである．自国製の見事な絹のダマスク，ブロケード，タフタ，ヴェルヴェットなどが生産され，ヨーロッパ中の人々をも魅了した．しかし，徐々にイタリアの政治力および経済力が減退し，モードの面でも影響力が弱まっていった．それに反して，スペインのカルロス 1 世（在位 1519～56 年）によるヨーロッパにおける勢力の増大と権力の拡張によって，徐々に厳格な宮廷モードが支配する時代へと移行した．そして，国王や貴族の肖像画にみられるように，地位や名誉そして経済的な豊かさを衣服が誇示する

という傾向が高まってくる．

a. ダブレットとブリーチズ
1) ダブレット（プールポワン）

15世紀後半の男性の衣服は，上衣にはシュミーズ（仏 chemise，英 shirt，独 Hemd），ダブレット（英 doublet，仏 pourpoint，独 Wams）と丈長のコート，そして下半身着にはホーズ（英 hose，仏 chausse）で構成されていた．15世紀末頃から，イタリアではダブレットが男性の上衣として流行する．ダブレットは，襟元が低く前がV字に開いているので，その間からシャツがみえる構造になっていた．また，V字に開いた部分は紐やボタンで留められていた（図5.1）．ダブレットの腰部から下はだんだんと短くなり，ホーズがほとんどみえるほどであった．そのホーズは体にぴったりしたものが着用されたために，男性の下半身は自然な体のラインが強調され，男性の若さや性が強くアピールされた．

図5.3 フランソワ1世（ルーブル博物館蔵）
ジャン・クルーエ，1520～25年頃．

ついでダブレットの襟ぐりはだんだん高くなり，そこからわずかにみえるシャツの襟元は，親しい女性によって刺繍されることもあった．袖は身頃とは別仕立てにされたが，女性から贈られることもあり，衣服を介した愛情表現もみられる．袖はまた上部と下部に分かれることがあり，主に肩と肘においてリボンやホックなどでとりつけられ，それぞれのつなぎ目で，シャツが見えたり，引き出されるというスタイルで，上衣と下着およびリボン飾りの美しさとともに，動きやすいという機能性もあった．

ここではイタリアファッションに身を包んでいるルネサンスの王様といわれるフランス王フランソワ1世の姿を参考にしておこう（図5.3）．彼のイタリアからの帰還によって，フランスにイタリアの新しい風が吹き込まれている．

16世紀半ば，スペインモードの台頭で，腰部で切り替えられた短いスカート状の垂れ，いわゆるバスク（仏 basc, basque，英 busk）がダブレットの裾に付くようになり，徐々に腰を覆う形状となる．ドイツやスペインのバスクはとくに

5. 16 世紀

長くなり，麻屑や毛屑を入れたダブレットの詰め物も，量を増し，とくに胸が厚くなる．さらに，16世紀末近くになると，詰め物で腹部を強調し，前中央が突き出た形もあらわれる．また，襟が高くなり，そこからシャツの先がわずかにみえる．さらにこのシャツの先が独立して，ラフ（英ruff, 仏fraise）と呼ばれる襞襟が誕生する．このような衣服は人間の自由な行動を妨げるために，その結果として生まれる静的な存在感が，着装する者に威厳や厳格なイメージを与える．こうして，衣服には身分や地位を誇示する特徴が高まったのである（図5.4）．

また，ドイツ生まれのモードで，ドイツ，フランスで流行したショーベ（独Schaube）とい

図5.4 ヘンリー8世（ティッセン・ボルネミサ美術館蔵）
ハンス・ホルバイン（息子），1534～36年頃．

◆『ガルガンチュア物語』◆

　16世紀フランスルネサンス文学の代表的作家フランソワ・ラブレー（1494頃-1553頃）の作．彼は古典文学者，医師としても活躍した．作品はガルガンチュアとパンタグリュエル巨人王父子の滑稽な物語だが，教会制度や権力者への批判がみられ，宗教界から弾圧を受けた．

　巨人王ガルガンチュアの服装描写は，「歓喜を表す白と高貴な青」に統一されているが，当時のフランス貴族の服飾を推察できるので，一部を紹介する．

　　シャーテルロー布のシュミーズ，白サテンのプールポワン，白いエスタメ羅紗のショースには棒形の飾り穴が刻みつけられ，その割れ目から青いダマス絹がふっくらと膨れ出る．ブラゲットもショースと同様に飾り穴があき，青いダマス絹が前方へふくれ出ている．これらには金銀のより紐刺繍や金剛石，紅石，トルコ玉，碧玉，ペルシア真珠の類に金銀細工の美しい飾り紐がつけられる．靴は真青なビロードで幾すじか並行した飾り穴が刻まれ，割目と割目の間の部分は同様な管の形に縫いあげられ，底は牛革である．広袖のセーは青ビロードで，葡萄の枝葉模様の刺繍のへり飾りがつく．絹サージの帯，長剣，短剣，鳥の羽根飾りつき白ビロードの帽子，金鎖のくび飾り，皮の手袋，指輪など（渡辺一夫訳から）．

＜菅原珠子＞

うコート風外衣がある．ごく初期のものは踝丈，肩幅，身幅とも豊かな毛皮の裏付きで，前あきは日本の羽織の襟のように表側に折り返されて大きな襟となり，垂れ袖の上方に腕を通す開口部があった．時代とともに着丈は短くなる．豊かな幅，広い襟，垂れ袖など，ルネサンス的な水平表現が特徴である．

2) **ブリーチズ**（オー・ド・ショース）

下衣つまり脚衣は，16世紀初めはイタリア風の体にフィットしたホーズの上に，腰だけを覆う短い下衣が用いられるようになる．これは，ダブレットなどの上着の裾と紐や留具でつなげられていた．この前中央部の開口部には，蓋布（英 front-flap）が付けられていた．この短い下衣はブリーチズ（英 breeches, canion）と呼ばれた．16世紀後半になるとホーズはトリコット製が製造されるなど，伸縮機能性が生まれ現在の厚手のストッキングのようなものになる．ブリーチズは広さと丈を増し完全にホーズとは別のものになる．つまり脚衣が上下2部形式になる．

ブリーチズはフランス語でオー・ド・ショース（仏 haut-de-chausses）と呼ば

◆ **ヘンリー8世とフランソワ1世** ◆

　1520年6月，フランスの北西部においてイングランド王ヘンリー8世とフランス王フランソワ1世の会見が行われた．この会見はイングランドとフランスの友好関係を示すものであったが，互いに豪奢さを競い合う場でもあった．ヘンリー8世が豪華なアラス織のタピストリーで飾り立てた宮殿を仮設し観る者を驚かせたのに対して，フランソワ1世は百合の紋章で装飾された金色に輝く天幕をいくつも建てた．エドワード・ホールは『年代記』において，ヘンリー8世が，銀襴や金襴を組み合わせた重量感のある衣服を着用し，イングランドに君臨した最も偉大な王にふさわしい堂々とした姿をみせていたと伝えている．一方のフランソワ1世については，金襴や銀襴からなる装いに加えて，紫色の外衣を着用していたと記されている．この外衣は光沢のある布地でつくられており，襞をとって身体をゆったりと覆うものであった．この会見よりも後に描かれた図5.3の「フランソワ1世」の肖像画では，王はイタリアモードを意識して装っており，光沢のあるプールポワンには垂直方向の大胆なスラッシュと繊細な刺繍が施されている．ヘンリー8世の肖像画では，水平線を強調した装いによって堂々とした威厳が示され，ダブレットにはスラッシュによる装飾をみることができる．

〈松尾量子〉

れ，形態はカボチャ型や比較的フィットしたものなどがあり，長さも地域や時代によって各種ある．とくに大きく膨らんだ形態のものは，中に麻屑や麦わらなどが詰められて，成形されている．この球体を襞なしでつくるための裁断がなされ，表に切込み（スラッシュ）が入れられ，表布の間から裏地をみせ，表裏の色の組合せを楽しむおしゃれが流行した．

さらに，従来の前の開口部の蓋布までも，全体の形状の変化に伴って，詰め物やスラッシュ飾りで隆起して，だんだんと装飾性の強いものになる．これはフランスではブラゲット（仏 braguette，英 codpiece）と呼ばれ，男性はこれをポケットの変わりにしてハンカチや財布，オレンジさえ入れたという．

歴史上このまれなる存在について，フランスの哲学者であり，作家であったフランソワ・ラブレーは『ガルガンチュアとパンタグリュエルの物語』で次のように語っている．「豊かな角にたとえられるように，それ（ブラゲット）は，ますます堂々として興味深く，たれて活気に溢れ，簡潔にして生き生きとし，永遠に栄え，よく実り，精力に満ち，花や果物に満ちそしてすべてが大きな喜びである」．それは，スラッシュ飾りや刺繍そしてエメラルドや真珠などの宝石によって，過剰に装飾され，非常に目立つ存在になった．ラブレーはこの奇妙な流行を風刺しつつも，ブラゲットについてある種の生命力と威厳をあらわそうとしている．

b. ヴェルチュガダンとバスキーヌ

女性衣服の流行は，大きくは男性の流行に従っていた．なぜなら，衣服が身分や地位を誇示するようになり，男性が権力の中心だったためである．16世紀初めには，イタリアモードが支配していて，女性の上衣であるローブ（仏 robe, 英 dress, gown）は，胸元や背中などの襟元が大きくくられ，胸や腰などが強調された．さらに，肩の線のなだらかな美しさと引き裾により威厳と豪華さがあらわされた（図5.2参照）．

しかし，スペインモードの影響下で1520年代にはローブから引き裾がみられなくなる．また，厳格さを好む趣味からか襟元が高くなり，体全体が衣服で覆われるようになる．さらに胴着とペチコートの登場により，幾何学的なシルエットが実現され，着装者に威厳と静的な印象が与えられた．スペインの宮廷モードが，広くドイツ，フランス，イギリスに伝播され，女性のモードにおいても着装

5.2 服飾の誇張

図5.5 皇妃イサベル夫人（プラド美術館蔵）
ティツィアーノ，1535年頃．

図5.6 エリザベス1世（ロンドン，ナショナル・ポートレート・ギャラリー蔵）
マーカス・ギーラエーツ（息子），1592年頃．

者の身分や富をあらわすための極端なシルエットと過剰装飾による誇張表現がみられるようになった．

　当時の服装の一揃いは，シャツとホーズの下着，シルエットをつくるバスキーヌ（仏 basquine）とヴェルチュガダン（仏 vertugadin，英 farthingale），そして表着のローブである．ローブのスカート部（ジュープ，仏 jupe）の前は三角形に開いているものがあり，下のスカートがそこからみえるので，上下スカートの組合せのおしゃれが楽しまれた．さらに，装身具を身につけてドレスアップは完了する（図5.5）．

　イタリアモードにおいて，膨らみをもたせるために，ジュープを何枚か重ねる手法が用いられていた．それが限界に来て，いかに軽くしかも膨らみをもたせるかという課題に答えるようにヴェルチュガダンが1540年頃に発明され，スペインモードの流行とともに汎ヨーロッパの上層階級の女性に取り入れられた．ヴェルチュガダンは，糊づけされた厚い麻布製のペチコートの一種で，円錐形のシルエットをつくるために柳や籐の枝が綴じ付けられている．後に鯨のひげや針金が支えとして使用された．

　このローブの広がりは，16世紀後半になると，スペインやイタリアでは円錐

5. 16 世 紀

> ◆ **エリザベス 1 世** ◆
>
> 　1558 年に 25 歳でイングランドの王位を継いだエリザベス 1 世は，多くの肖像画に描かれている．当時の貴婦人の肖像画は扇や手袋あるいはハンカチーフを持った姿で描かれることが多い．エリザベス 1 世の肖像画では羽根扇を持った姿を見出すことができる．羽根扇は柄の部分に象徴的な意味をこめた宝飾品として，臣下から女王への献上品として好まれたものの一つである．女王の寵臣として有名なレスター伯ロバート・ダドリーやフランシス・ドレイクが献上した羽根扇は，いずれも柄の部分に女王を賞賛し忠誠を誓う意匠が組み込まれたものであった．女王は若い頃から手の美しさが自慢であったから，扇を贈ることは女王の美しさを称えることも意味したのである．16 世紀後半のヨーロッパでは，新しく折りたたむことのできる扇，いわゆる扇子を持つという流行が各地でみられるようになった．扇子は東方から輸入されたもので，イングランドにおいても 1570 年代以降の肖像画に扇子を持った女性の姿をみることができる．図 5.6 にみられる女王は，右手に扇子を持った姿で描かれている．エリザベス 1 世の服飾に関する権威であるアーノルド女史は，この扇子について女王の衣装局の記録に「インド風の扇子」と記されているものであると推察している．　　　　　　　＜松尾量子＞

形のヴェルチュガダンのままでフランスではフランス風として輪形（仏 bour-relet）が流行し，後にイギリスにも伝播した．これは，腰部に詰め物をしたクロワッサン状のロールを巻き付け，それを支えとして，針金などでつくられたやや裾広がりの車輪形のヴェルチュガダン（仏 vertugadin en tambour，英 wheel farthingale）である．エリザベス 1 世の肖像画にその好例がみられる（図 5.6）．

　このような幾何学的で円錐形のシルエットがあらわす堅さは，上下衣の素材によってもあらわされている．バスキーヌは初期のものは布製のバンドで，糊づけした麻布製だったが，木や金属の薄片などを布テープで包んだものを胴衣に差し込んでつくられるようになったことが，名前の由来である．

　世紀末になると，ローブの上半身の前を開き，このあきの三角形の部分に胸衣であるストマッカー（英 stomacher，仏 pièce d'estomac）をつける流行があり，それは美しい織物が宝石や真珠などで飾られ，最も目を引く部分になる．

　こうして，バスキーヌとヴェルチュガダンによって，女性のローブは凹凸のない堅い感じの上半身と細い胴，裾広がりの大きなスカートの形をつくる．このいわゆる V・A ラインが，現代まで続く女性のドレスの起源となっている．

5.3 装飾と付属品

a. ラフ

ラフ（英 ruff，仏 fraise，ス lechugilla，独 Krose）は，カトリーヌ・ド・メディシスからフランス王アンリ2世との結婚に際してイタリアからフランスに紹介され，スペインモードとしてヨーロッパに伝播したものといわれる．

ラフはわずかのレース飾りやシャツの端が，ダブレットやローブの襟元からのぞいていたものから発展して，襟として独立し，幅の広い襞襟に変わり，この時代に特有の装飾用具にまでなったものである．だんだんと幅が広くなり，食事のために柄の長いスプーンが考案されたほどであった．

専門の職人によって，上質のリネンを糊づけして，細かく襞が付けられた．1重，あるいは2段，3段と重ねるもの，またラフの先がレースによって縁取られるもの，また襞が規則的なものや不規則なものなど，男性に比べて女性のほうが豊かなデザインがあった．ほとんどの肖像画では，白のラフが身につけられているが，実際には赤，緑，黒など様々な色が存在したといわれる．映画「オルランド」の衣装にそうした状況を想像できる例がみられる．

1570年代には，ローブの上部の前中央が開いてきたので，ラフも扇型に広がり，襟まわりに付けられるものが生まれる．このラフはコルレット・フレーズ（仏 collerette fraise）と呼ばれていて，胸元のストマッカーの装飾とよいバランスをもって，互いに美しさを演出する相乗効果をなしていた．

b. スラッシュ

盛期ルネサンスの様式のスタイルで最も奇妙な装飾のうちの一つは，スラッシュを入れるデザインである．一説によるとこの起源は，1477年にブルゴーニュのシャルル豪胆公が戦闘で敗北したとき，勝者のスイス人とドイツ人の傭兵達がブルゴーニュ人のテントを略奪して，自分達のぼろぼろになった服にすぐれた織物の端切れや布片を継ぎはぎしたことに始まる，という．ともかく，この新しいスタイルが男女ともに流行し，早くも16世紀の初め頃にはヨーロッパ全体に広がっていた．とくに男性のスラッシュの方法は，ダブレットの身頃，袖そして袖付けを覆う肩当てのエポーレット，ブリーチズやコドピースさらに帽子や靴にま

で装飾されるほどであった．15世紀末の傭兵のホーズは，スラッシュに加えて左右非対称や，膝で分割されたりと，鮮やかな色彩の組合せが楽しまれた．

初期にはスラッシュはこてなどで布端が焼き切られたが，後には裁目の周囲が別布で縁取られたり，宝石や飾り紐で結ばれたりと，洗練された装飾が施されるようになる．スラッシュの間から白いシャツが引き出されたり裏地を見せたりしたが，下着や裏地の使用量は膨大であったことが想像できる．一着に数百から数千のスラッシュ飾りがされることもあったのである．スラッシュ飾りは，中流市民階級にも広がり，16世紀特有の装飾技法となる．実際に，スラッシュがある衣服は構造上，動きやすくなり，機能的であったはずである．

c. 靴，帽子，その他

ルネサンスの服装のシルエットは，ゴシックの垂直構造に対して水平構造に特徴がある．その特徴を典型的にあらわしているのが，靴と帽子である．

1）靴

履き物は中世末の先の尖った靴から，四角く幅広い靴へと変わり，甲やつま先にスラッシュ飾りがされた．そのほかに，スリッパ型のミュール（仏 mule）や，革や毛織物のブーツなども用いられた．また，女性の履き物で，チョピン（英 chopines）と呼ばれる高下駄のような靴が用いられた．これは背を高くみせる効果がある．同時に，フランスやイギリスのローブのように，ストマッカーによって腰部の位置が低くなり，上半身と下半身のバランスを是正する意味でも機能したに違いない．チョピンの踵（かかと）の高さは比較的低いものから20数 cm もあるものがあり，ときには自分1人では歩けないほどであった．女性の服装においても，身分や威厳を示すために，衣服が大いに役立っている．

2）帽子類

帽子については，男性は屋内外および日常と非日常を問わず，たえず帽子を被る習慣をもっていたので，かなり豊かなデザインがあった．16世紀の初めまでは，中世の頭巾風帽子（英 cap）が残り，そのほかにつばの広い帽子（英 hat）やターバン風の被り物があった．しかし，最も流行したのは山の低い帽子で，フェルトやビロードなどでつくられていた．そこから，この時代の特有のベレー風ビレッタ（ス biretta，仏 barretta）が生まれる．さらに，これに金モールや羽根飾りがつけられた．16世紀後半になると，宮廷ではトーク型（仏 toque）が好ま

れ，山の丸いビロード製で金銀モールなどで飾られていた．

女性の場合，フランスでは小型の帽子の上に真珠が飾られた頭巾を被っていた．その上にヴェールを二つ折りにしてのせたり，絹織物や毛織物の頭巾をピンで留めたりしていた．さらに男性と同様にベレー風のビレッタが用いられるようになる．16世紀半ば頃からフェルト製のつばの大きい帽子も好まれ，ダチョウの羽根飾りがつけられた．その他種々の被り物がみられる．

3) その他

また，金糸や絹糸の打紐やビーズ製の網状の被り物で髪の上を覆う場合もある．イタリア風のモードで，細い打紐によって，宝石を額のところに固定するフェロニエール（仏 ferronière）といわれる装飾法も流行する．

ルネサンスのイタリアモード，とくにヴェネツィアでは金髪が好まれ，女性達は自宅の屋上につくられた物干し空間で，長い時間髪を染めるのに余念がなかった．現在のヴェネツィアでも大運河から見上げると，この空間を眺めることができる．金髪への憧憬は西欧人にとって古代ギリシア時代からの美的欲求である．さらに，色白であることが好まれ，そのために女性達は様々な方法を駆使している．

金髪の髪にウェーブをかけて，未婚女性は髪を垂らし，既婚女性は髪をアップにしていた．ヴェルヴェットやサテンの紐，宝石類で髪を飾り，衣服と同様に髪までも過剰な装飾の対象となっている．

この時代には宝石の流行に変化がある．それまでのエメラルド，サファイアそしてルビーなどに加えて，真珠が流行の中心となる．これらの宝石は，組み合わされてネックレスや衣服装飾までふんだんに用いられている．この頃の真珠は主に洋梨型である．イヤリングやネックレスそして指輪として，真珠は18世紀にダイヤモンドに席を譲るまで，上流階級の男女に最も求められた宝石であった．

宝石はこの頃既に資産価値を有していた．それゆえに，衣服に全財産を身につけるとまでいわれた．つまり，外敵が襲ってきたとき，着の身着のままで亡命し，衣服に装飾された宝石が，その先での貴人の生活を支えるという具合である．西欧社会では現代までこの伝統が継続されてきていて，とくに宝石や貴金属には安定的な資産価値が認められている．

また，ルネサンス服飾の特徴として，キリスト教的世界から解放された結果，東方からの影響を受けて，毛皮が広く流行したことをあげる必要がある．たとえ

ば，男性のショーベの裏張り，マントの襟飾り，また女性のローブのデコルテや袖口などの縁取りなどに，繊細な加工技術によって加工された毛皮が使用された．

5.4 スペインモードの伝播

フランドルの古都ヘント（ガン）生まれのカルロス1世が，1516年にスペイン王となり，その3年後の1519年にオーストリア・ハプスブルグ家を継承し，神聖ローマ帝国皇帝カール5世になったために，ヨーロッパに巨大なハプスブルグ帝国が誕生した．さらに，スペインは16世紀半ばまでにアメリカ大陸の中部と南部を，1580年にはポルトガルを支配下に治め，アジアとアフリカの国々とブラジルを併合した．こうして，史上初の世界帝国を確立したスペインのモード

◆ ヨースト・アマンとハンス・ザックス ◆

ヨースト・アマン（1539-91）とハンス・ザックス（1494-1576）の共同作品に『身分と手職の本』がある．日本語訳は『西洋職人づくし』（小野忠重訳・解説）．アマンの自画自刻の114枚の木版画それぞれに，ザックスが8行詩をそえたもので当時のドイツのあらゆる職業の人の姿に，説明する詩がついている．教皇，枢機卿，修道士，皇帝，国王，貴族，医者，薬剤師，活版師，印刷師，絵師，宝石師，金細工師，金貸し，肉屋，パン屋，農夫，仕立屋，毛皮職人，織工，靴屋，床屋，大工，船のり，道化師，など．木版画をみると，それぞれの仕事の様子や服装がていねいに描かれているので，当時の上流階級から市民，働き手まで様々な人間の様子がわかる．また8行詩は版画を補って詳細がわかる．服飾に関する例をあげる．

　　仕立屋—戦する君候には天幕をつくる，仕立屋のわしじゃが，イタリア式やフランス式で槍試合する騎士の服も仕立てる，宮廷風の男の服もぬえば，みやびな婦人がたにあう，本物の絹ビロードも仕立てるが，庶民の毛織服もお手のものじゃ．

　　靴屋—長靴，短靴，さあいらっしゃれ，するどく皮を切って仕上げるわしじゃ，銃や弓の皮袋，貯蔵の袋，防火の水袋，旅の箱の被いから，ひだつきの乗馬靴，騎士の靴，布をつけた上靴やら防水長靴，かざり短靴また宮中の婦人靴，さあいらっしゃれ．

　　　　　　　　　　　　　　　　　　　　　　　　　　　　　　＜菅原珠子＞

5.4 スペインモードの伝播

が世界に向けて圧倒的優位に立ったことは想像に難くない.

a. ヨーロッパ各国とのかかわり

政治的な国家の枠組みを背景とするスペインモードの優位という状況と同時に,ヨーロッパ各国では国民意識が高まり,それぞれの国の固有の服装という概念が生まれる.大航海時代の地図中の風俗画,ヨースト・アマンの版画集『主な国々の男女の服装』(1577年,ニュールンベルク発行)やチェーザレ・ヴェッチェリオの『古今東西の服装』(1590年,ヴェネツィア発行)が,人々に他国の流行や異文化に対する好奇心を駆り立てた.

図 5.7 皇帝カルル5世(カルロス1世)(ミュンヘン,アルテ・ピナコテーク蔵)
ティツィアーノ,1548年.

一方で,ヨーロッパの宮廷では,それぞれの宮廷間の婚姻によって,文化・芸術が交流し,互いに影響しモードも浸透し合っていた.たとえばフランスのフランソワ1世は政略的にカルロス1世の姉妹と結婚し,次いで,彼はローマ法王クレメンス7世(1478-1534)の若い被後見人であるカトリーヌ・ド・メディシスと,自分の息子アンリとの結婚を取り決める.彼の後,王位を継承したカトリーヌの夫アンリ2世(1519-59)は,スペイン風の暗色の服を好んで着ていた.また,カトリーヌ・ド・メディシスの輿入れがイタリア文化,料理そしてファッションをフランス宮廷にもたらしたという話も宮廷間の婚姻が文化交流をもたらす具体例として興味深い.

b. 黒のモード

スペインモードは,何よりも広く黒の流行を強いるがごとく,ヨーロッパ中に伝播された.このことは,ティツィアーノが描いた多くの肖像画の中にみることができる.また,ウルビーノの宮廷人バルダッサーレ・カスティリオーネは,『宮廷人』(1528年発行)の中で次のように述べている.「他のいかなる色よりも,黒は服装に優雅さを与える.もし黒でなければ,濃色が用いられるべきである.……その他に,私はスペイン国民によって長い間保たれてきた厳粛さを表す

服装が好きである」．同じ頃，女性は緑，空色あるいは濃紫色などの服装を着ていたが，ルネサンスを代表するイタリアの女傑ルクレツィア・ボルジアは黒と金の調和をことさらに好んで着ていたといわれる．

　この黒の流行は，カルロス 1 世が生まれたブルゴーニュ公国（出生は公国領フランドル）の 15 世紀の流行が継承されたものである（図 5.7）．汎ヨーロッパ的に黒の流行を牽引した当事者は，その息子のフェリペ 2 世（1527-98）である．当時，スペインでは黒は商人たちの市民服の色だった．厳格で徹底した帝国管理を実現したフェリペ 2 世は，いつも黒を着ていたので，臣下も皆それに従った．こうして，世界に黒の流行が広がったのである．しかし，一方でスペインの強大な勢力とは裏腹に，世界に勢力を拡大しすぎて，国家経済は破綻していたことも記しておく必要があるだろう．

　他方で，黒はドミニコ修道会の色でもあった．実はフェリペ 2 世はこの修道会をも支配していた．ほとんど外国には出かけず，マドリッド郊外の城にこもって大世界帝国を支配していた厳格なカトリック王の黒が，17 世紀になると新教の禁欲的思想の影響下で，オランダ市民服に定着した．これは奇妙な黒色の変転ではないだろうか．

6

17 世 紀

6.1 オランダの市民服

a. 市民階級の活躍

　16世紀後半から17世紀前半にかけてオランダ国家は長年にわたるスペイン王国からの独立戦争を完結させた．それはスペイン・カトリック教の圧政からの独立でもあり，大国スペインの力を弱体化させ，ヨーロッパ諸国に自らの力を示す結果となった．当時のオランダは海上航路を活かした植民地貿易と，ヨーロッパ諸国の流通経路としての仲介業的役割を果たすことで，経済的な発展を遂げた．さらに中継貿易に伴う加工業的産業が発展した．服飾に関連する産業では南ドイツ産麻織物の漂白・染色やイギリス産毛織物の仕上げ加工なども行われた．地方都市では毛織物や麻織物産業が盛んで，ヨーロッパの織物産業の中心的存在でもあった．こうして各都市には富裕になった市民層や大商人層が生まれた．彼らは政治的支配力をももち，地方分権の国家体制をつくった．信仰宗教の自由を勝ち得た彼らは精神の自由を尊び，そこに新しい文化の土壌がつくられたのである．

b. 男性服飾の特徴

　オランダ市民の服飾形態の特徴は下半身のシルエットの強調にある．まず1610年代後半には，細身のダブレットと膝まわりにたっぷりとギャザーを寄せた膨らみのあるブリーチズとの組合せがみられた．下半身のゆとりを強調した末広がりのシルエットである．続いて1620年代前半になるとブリーチズの膝まわりの膨らみはやや抑えられる一方で，腰まわりのゆとりが強調されてくる．ダブレットはハイウエストで，裾の垂れ布はかなり長めになり腰全体を覆っている．

6. 17 世 紀

図 6.1 オランダ男性（1633 年頃）　　**図 6.2** オランダ女性（1663 年頃）

全身的なバランスは，腹部から腰部にかけての位置に重心をおいた．豊かな下腹部を強調したどっしりとした安定感のあるシルエットである（図 6.1）．

また装飾的な部位にも特色があらわれている．スペインモードの特徴である水平な車輪状のラフが用いられる一方で，肩の上に柔らかく垂れかかる形式のラフがあらわれてくる．またフランドル地方の特産であったレース製の襟飾りも特徴的である．これらは肩線の自然な傾斜を示しており，肩幅の印象を弱めることになり，下腹部をより一層強調する効果をもった．肖像画ではこのような襟飾りは円錐台形のシルエットに描かれている．円錐台形のシルエットは丈の長いカフス，長靴の上部の折返し，上方に大きく反り返った帽子のつばなどに多用された．末広がりの形態への志向である．この傾向は 1640 年代前半にかけて数多くあらわれている．

c. 女性の服飾の特徴

女性の服飾形態は腹部のデザインに特徴がある．第一の形態は，腹部を前方に突き出した形状に整えたスカートである．このスタイルは車輪状のラフや前方に突き出した繊細な刺繍入りのフリーゲル（蘭 vligere），白レース製の頭部装飾品と組み合わせて着用された．このような形態は 16 世紀からみられ，他の服飾様式の変遷とは関係なく 17 世紀後半までとくにカトリック教信仰の女性達に愛好

◆ **オランダ絵画** ◆

　オランダ絵画史の中で17世紀はまさに黄金期である．市民は趣味と実益（投機の対象）を兼ねて絵画を収集した．当時オランダを訪れたイギリス人は一般家庭，工場，店内などいたるところに高価な作品が飾られていることに驚いている．そのジャンルは多岐にわたったが，市民が鑑賞して楽しめ，わかりやすいものが好まれた．フランス・ハルスの肖像画，ヤン・ステーン，ヘラルト・デル・ボルフの風俗画，フェルメールの室内画などは人々の生活を知る手掛かりになる．中でもその最高峰はレンブラントである．代表作「夜警」は集団肖像画であるが注文主である隊員達全員の容姿が明確に描かれていないからと，当初受取りを拒否されたといわれる．彼は従来の構図にとらわれず，夜警に出かけようとする隊員達の一瞬の表情や動作を暗闇と光との対比の中に写し取った．人々のざわめき，靴音，衣擦れの音までが画面から伝わってくるようである．　　＜山村明子＞

された．

　第二の形態は胴着のウエスト部を細めにして下腹部に向けて細長く尖らせたデザインである．このスタイルは1620年代後半から出現している．さらに第三の形態が1630年代前半から1640年代にわたって出現している．それはローブのウエストの切り替え位置を高くし，スカート部をぼってりと釣鐘型に膨らませたデザインである．袖も丸く膨らませたデザインで，肩幅は狭くなだらかなラインを示すことで，全身的に丸みのある円錐形を描いている．男性と同様にカフスなどの装飾的部位にも円錐形の広がりをもつ形を好んでいる（図6.2）．

　男性と女性の服飾の傾向は上記のとおり，豊かな下腹部を強調することと，円錐形の形態の多用にある．この傾向は17世紀前半にかけてみられ，その流行の変遷は男性が女性の服飾に一足先行する状態で，常に呼応していた．

d.　オランダ人の国民性

　オランダ人達は商業面で成功し，豊かな暮らしを享受できるようになっていたにもかかわらず，カルヴァン主義にのっとって，節度をもって慎ましく暮らしていくことが最高の美徳だと考えていた．しかし飲食に関しては例外で，どうやら旺盛な食欲は彼らの最大の特徴だったようである．イギリス人作家達はオランダ人の肥満体や野暮ったさを百姓，酔っ払い，阿呆といった言葉を用いて揶揄して

いる．随分と手厳しい描写であるが，大柄な体軀のオランダ人はヨーロッパ諸国の人々の目には肥満体の象徴と映っていたのであろうか．下腹部を強調した形態の服飾はオランダ人を暗示する国民色豊かなシルエットであったといえる．

6.2　ダブレットからジュストコールへ

a.　洗練されたフランスモード

　構築的なスペインモードの影響からいち早く脱却したのが，前述したオランダの服飾であった．それらは動的で大胆な表現を好むバロック様式の先駆けであったともいえる．バロック（baroque）とは「歪んだ真珠」の意味から推察できるように，造形上は，「不均衡」や「気まぐれ」に新しい魅力を見出し，アンバランスや躍動感を感じさせる17世紀の様式である．そのしなやかさを感じさせるスタイルは日常生活に溶け込んだ市民服飾であった．17世紀前半を通してそれらはヨーロッパ諸国においても流行が伝播したが，腹部を強調したどっしりとし

◆ **ルイ14世と服飾** ◆

　壮大なヴェルサイユ宮殿をつくり国内外に絶対君主の権力をみせつけたルイ14世は，宮廷生活のあらゆる場面に儀式と規則をつくりだした．ルイ14世は振舞いや服装の品の良さと完璧さを重要視しており，その礼儀正しさは際立っていた．彼の流儀が宮廷での礼儀作法として確立されていったのである．装いに関する規則の中では「証明書つきのジュストコール」は特筆すべきものである．これは王の署名入りの証明書の所有者のみに王と同じ青い錦製のジュストコールの着用を許可するもので，王の近親者と側近者約60人だけに許されていた．このジュストコールを着用した人物は王と同じ場所に立ち入ることが許可された．有資格者が死亡したときのみ代わりの者が選ばれることになっていたため，人々は証明書を獲得することを切望した．

　また，彼はそれまでは厳密には定められていなかった軍隊の服装を調えた．ブルボン家の色（赤，青，白）を基調とし，連隊ごとに色分けさせた．将校達は銀色のスカーフと金色の装飾をつけた緋色の制服を着用し，その他の兵士も階級によって制服は区別された．おそらく新たに定められた軍装は兵士達の意識を鼓舞し，軍隊を統率するといった効力を発揮したのではないだろうか．フランスの軍事力は強固なものとして，ヨーロッパ諸国をリードしたのである．　　　＜山村明子＞

6.2 ダブレットからジュストコールへ

図 6.3 ルイ 14 世とスイス大使の会見（ヴェルサイユ国立美術館蔵）タピストリー「国王物語」（1633 年）．

図 6.4 ラングラーブとリボン飾り（1670 年）

たスタイルは多大な影響を示したとはいいがたかった．庶民的な服飾文化は宮廷社会には深く浸透しなかったともいえる．

そしてフランスがモードの担い手として登場してくる．ダブレットの着丈，袖丈はしだいに短くなり，下に着用したシャツを必要以上にはみ出させ，ウエストには本来はダブレットにブリーチズを結び留めるためにつけられていたリボンが，ループ状に束ねられて数多く飾られるようになった．ブリーチズのシルエットもゆったりとしたストレートなシルエットになり，全身が真っすぐなラインを示すようになった．

17 世紀後半には絶対王政を確立したフランスがルイ 13 世，14 世らの治世のもと，ヨーロッパの政治，文化をリードする宮廷文化をつくりだした．服飾文化もフランスがヨーロッパ諸国のリーダー的役割を果たし始めた．権力の集中は贅を凝らした貴族的な服飾スタイルを生みだした．それは質素，倹約を旨とするピューリタン主義への反動であったのかもしれない．オランダに萌芽した上述のスタイルはフランスにて洗練され発展した．絵画，建築などで花開いたバロック様式は服飾の上では華麗で躍動的な過剰ともいえる装飾への好みをつくりだした．

b. ラングラーヴとリボン飾り

フランス・バロックモードの特徴の一つは曲線が多用された，揺れ動く形への

┌───┐
◆ モリエール ◆

　モリエール（1622-73）はフランス古典劇の代表者．富裕な商人の家に生まれたが，女優との恋愛の結果，家業につかず，演劇の道に入る．俳優として舞台にたち地方巡業をし，イタリア喜劇を学んで，戯曲を書き始めた．彼の劇団は1658年からパリのプチ・ブルボン劇場に出演，初め悲劇を上演したが，喜劇の上演で人気を得，パレ・ロワイヤル劇場を本拠として多くの喜劇を上演した．彼の喜劇作家としての名声も高まり，当時の国王ルイ14世も好意を寄せていたという．

　主な作品には『亭主学校』（1661年），『女房学校』（1662年），『タルチュフ』（1664年），『ドン・ジュアン』（1665年），『人間嫌い』（1666年）などがある．モリエールは作品の中で，当時のモードや洒落者（ギャラン）の服装を取り上げ，直接批判したり，風刺したりしている．

　一例として『亭主学校』を，鈴木力衛の訳で紹介する．若いのに古風を好む男が，当世風のモードを肯定する兄に対して次のように語っている．

　　　流行に従えとおっしゃるんでしよう．（中略）わたしがあの若い伊達者たちの様子にあやからねばならないようですね．あんな小さな帽子をかぶり強くもない脳みそを風にさらせといわれるんですか．ふくれあがって顔もみえないような金髪（かつらを指す）をつけろといわれるんですか．腕の下に隠れるような小さな胴着（プールポワン）を着ろ，おへその下まで垂れ下がる長い襟飾りをしろとおっしゃるのですか．食卓でソースにさわるくらいの袖をつけろ，オードショウスと呼ばれる股引（コチオン，女性のアンダースカートの意味）をしろといわれるんですか．ちっぽけな靴，それに飾りたてたリボンなどつけたら，まるで脚まで羽根のはえた鳩みたいじゃありませんか．

　これは当時の洒落者の服装を批判した台詞である．　　　　　　　＜菅原珠子＞
└───┘

志向である．1660年代になるとブリーチズはさらに極端に幅広くなり，中には膝丈のスカート状のシルエットをもつものもあらわれる．また時には乗馬などに用いるために今日のキュロットスカート風に2本脚に分けて仕立てられることもあった．いずれにしてもゆったりと腰部を覆い隠すシルエットは今日の感覚からするととても女性的なデザインである．ラングラーヴ（仏 rhingrave，ペチコート・ブリーチズ，英 petticoat-breeches）と呼ばれたこの衣服はその下にもう1

枚の脚衣を着用して重ね着をしたらしい．外形がゆったりとしていることと並んで，さらに際立った特色を添えているのが，無数に飾りつけられたリボン束であった．従来はダブレットの裾とブリーチズのウエストとを結び合わせる役割を果たしていたリボンであったが，ダブレットの丈が極端に短くなってラングラーヴのウエストとはひとつなぎにすることがなくなった．そこでループ状のリボン束はウエストまわりを豊かに飾り立てる装飾品としての役割を担うようになった．ウエストまわりだけではなく，腰の両サイドから腿にかけて，さらに裾まわりにと無数のリボン束が飾られた．ラングラーヴだけではなく，リボン飾りはダブレットの肩に袖口に，また帽子，靴にもといった具合に全身いたるところに飾られた．その様子は当時の作家モリエールの描写を借りれば，「足の先から頭のてっぺんまでつけている」，「あっちにもリボン，こっちにもリボン，リボン，リボンで気の毒みてえさ」という有様であった．このようなリボンの流行に一役買っているのが，当時のフランス宰相マザランが1633，34，44年に相次いで発布した金銀糸使用を禁止する奢侈禁令であったといわれている．つまり，禁止の対象外であった平絹のリボンが金銀糸や高級絹織物の代用として広く愛好されるようになったのである（図6.3，6.4）．

　ラングラーヴと組み合わせるダブレットのシルエットは着丈が短く，身幅もタイトなものが好まれるようになった．袖丈もやはり短くなり，そこで内側に着用したシャツの袖口やウエストまわりを大きくはみださせて着こなしは完成する．全身のシルエットは肩幅が狭く膝の位置に向かって円錐形を描く，末広がりのシルエットである．身体のラインはすっかり装飾的な衣服のボリュームの下に隠し込まれてしまい，唯一，人目にアピールしているのはふくらはぎの脚線美のみである．その足元の装いは16世紀に流行した上部の大きく開いたカヴァリエブーツではなく，つま先が四角く細身の瀟洒な靴によって完成された．衣服のボリュームに対して足元はあくまでも軽快であった．そしてここにもリボン飾りがつけられた．軍人や市民ではない宮廷人ならではの足元の装いである．

c. バロック風の着こなし

　さらに男性のお洒落を際立たせたものががフルボトムウィッグであった．16世紀の車輪状のラフが首まわりのお洒落の主役であった時代には髪の毛は短く刈り込まれていた．しかしバロックモードでは肩から背中に届くほどに豊かに長い

髪形が流行した．そこで1650年代以降貴族達は地毛を短くして，かつらをつけるようになった．とくに巻き毛が波打つような凝ったかつらが好まれた．しだいに馬毛や羊毛が用いられるようになり，ブロンドや明るいトーンの栗毛が好まれた（図6.5）．

帽子は山が低く，広いつばをもったものが好まれた．そのつばは片側または両側が上に向かって反り返っていた．重要な頭部の装いであるかつらの効果を損ねないために，帽子は被るためではなく，手に携えることで洒落た身のこなしを完成させた．小脇に抱えた帽子は装飾品でもあり礼儀上必要不可欠なものでもあった．帽子を取り扱う所作もまた一種の魅力的なポーズを生んだ．

図6.5 フルボトムウィッグ（17世紀末の版画）

ダブレットの襟元は低めのスタンドカラーであった．胸元の装いにはふわっと広がる大きな折り襟飾りのジャボ（仏 jabot）が用いられた．これは薄麻布製の飾り襟でその周囲には幅広のレースがあしらわれていた．着用時には前中央部を箱襞にたたむことで胸元にボリュームをもたせた．また同じく幅広のレースや薄地の麻布を用いたキャノン（仏 canons）と呼ばれた装飾品もこの時期の特徴である．これは膝を取り巻く装飾品であり，ラングラーヴの下に着用する脚衣の裾につけてあった．靴下留めを兼ねたリボンによって膝の上で絞られていたので，ちょうど傘が開いたような形になり膝を覆い隠した．大型のものになるとまるで足枷のようであり，着用すると両足の動きが取れなくてがに股になってしまうと，揶揄された．キャノンとラングラーブとの組合せはあくまでも裾広がりで下半身に重心をおいたシルエットへの志向を示している．繊細かつ軽快な高級レースの装飾品はリボン飾りとともにボリューム感を好んだバロックモードには欠かせぬ存在であった．

同時代のバロック芸術様式の特徴とこれらの服飾には，共通する要素が見出される．大型のラングラーヴやはみ出させたシャツのシルエットは衣服のボリューム感を生かしたデザインであり，バロックの大胆で荘厳な表現とつながる．また揺れ動くリボンや繊細なレース製品の装飾は曲線的で，動的な表現を好むバロッ

ク感覚のあらわれでもある．さらに過剰なまでの添加型の装飾方法や，コンパクトになりすぎたダブレットと大型化したラングラーヴとのシルエットのアンバランスさは，衣服を「着崩す」楽しさを表現している．「ゆがんだ真珠」を語源とするバロック様式はアンバランスな表現そのものなのである．

d. ジュストコールとキュロット
1) ジュストコール

ダブレットはその着丈，身幅，袖丈がいずれも短く狭くなりコンパクトになりすぎて，しだいに上着としての機能を果たしているとはいいがたくなった．そこで，旧来は兵士や市民が防寒用として着用していたカサック（仏 cassaque，英 casock）と呼ばれる丈の長い上着から派生したジュストコール（仏 justaucorps，英 coat）と呼ばれる上着がダブレットの上に重ねて，もしくはその代わりに着用されるようになった．それらは1670年頃から宮廷での衣服として素材，デザイン，装飾も洗練されていった．デザインの特徴は身頃がタイトで身体のラインにフィットしている一方，その裾丈は膝に届くほどに丈長で，裾にいくに従って優雅に広がったシルエットにある（図 6.6）．これは上半身のスリムなラインを強調するデザインである．16世紀に男性の筋肉質な体型を強調するために上衣に詰め物をした歴史と比較すると，その表現性の差異は明確である．また上腕部から袖口に向かって緩やかに広がった袖のシルエットと，折返しの形になっている幅広のカフスも特徴的なシルエットである．素材には上質の毛織物や絹織物が使用された．装飾品としては打紐飾りがジュストコールの前面を飾ることになった．これはびっしりと並んだ前あきのボタンの両側を取り囲むようにモールや金銀の打紐飾りを規則的に配置したものである．飾りボタンや刺繍も多用されており，ジュストコールの優雅なラインを打ち消すことなく引き立てる装飾が好まれていたと考えられる．1690年代にはそのラインはより一層強調され，裾に硬いキャンバス地などで裏打ちをして張りを与える工夫がなされた．

素材には当初は宮廷服として贅沢な布地や派手で明るい色調が好まれた．しかし1677年にフランス国内の毛織物の生産向上を目的として，無地ラシャを使用するよう法令が発布されたのを契機に，落ち着いた色調が主流となった．

2) ヴェスト

ジュストコールの前中央には多くのボタンが並んでいたが，それらは胴の一部

だけを留めて着用された．これはジュストコールの下に重ね着をしたヴェスト（仏 veste，英 vest）をのぞかせるためであった．ヴェストは室内着として着用されており，外出の際にはジュストコールを上に羽織ったのである．しだいにジュストコールとヴェストは組合せの衣服として形式を整えていった．両者のシルエットはほぼ同型であるが，ヴェストは一回り小さくなったものといえよう．着丈はジュストコールと比較してやや短めであるが，やはり裾広がりのシルエットに整えられている．身頃と袖はいずれも細めに仕立てられている．ジュストコールとは対照的に明るい色調の絹地が好まれ，胴部前面には金銀糸で凝った刺繍を施し，装いのポイントにした．大型のカフスはジュストコールのカフスにかぶせるようにして着用された．

図6.6　ジュストコールとキュロット（1693年）

ジュストコールもヴェストもいずれも襟なしの丸首に仕立てられており，その首元にはクラヴァット（仏 cravate，英 neckcloth）が結び飾られた．麻布や薄手の綿布などの幅30 cm，長さ１mほどの細長い布製で，あごの周囲に巻いて前で結び下げた．結び方も簡単に一結びして垂らしたものから凝った蝶結びまで様々で，お洒落のポイントであった（図6.6）．

3) キュロット

脚衣もジュストコールのシルエットにマッチするべく変化をみせた．ラングラーヴの巨大に膨らんだシルエットは影をひそめ，幅の狭い膝丈のキュロット（仏 culotte，英 breeches，ブリーチズ）を着用するようになる．ジュストコールの広がった裾のシルエットはデザインの重要なポイントであったので，キュロットのシルエットはタイトでシンプルなものが調和したのである．ジュストコールの裾にほとんど覆われてしまうか，少々長めの丈に仕立てられた．キュロットの裾口はボタンやバックルの留め金で留め合わせてあり，脚のラインにフィットさせた．ジュストコールと同素材の布地または釣り合いのよい黒無地の素材を用いて仕立てられ，上衣との調和が求められた．

さらに脚部のラインを引き立てるのが，フィット感の高いニット製の靴下であ

> ◆**『サミュエル・ピープスの日記』**("The Diary of Samuel Pepys")◆
>
> 　この日記は17世紀のイギリス人ピープスにより，27歳，1660年から1669年まで1日も欠かさず記されたものである．彼は苦学してケンブリッジ大学を卒業し，のちに海軍省の高級官僚となった人物であり，仕立て師の家に生まれたためか日記の内容には服飾に関する記述が数多く，生活の細部にまでわたっている．当時の衣服生活を，平民から高級官僚への生活の変遷を通じて実感できる貴重な資料の一つである．
>
> 　有名なチャールズ2世の服装改革について，「昨日，王は議会での服装としてヴェスト着用を推奨した」(1666.10.8) とあり，7日後には「王が初めてヴェストを着用されるのを見た」．そのわずか2日後には「宮廷はヴェストだらけである」との記載があり，ピープスも11月4日にはヴェストを手に入れ，今以上に流行に敏感であったことが推察される．また17世紀は，男性が女性より服飾にお金をかけるのが当たり前の時代であり，「悲しいことに服を買いすぎて貯金が減ってしまった．妻は12ポンド，私はわずか55ポンド服を買っただけだ」(1663.11.29) とあり，「たとえお金がかかろうと良い身なりをすれば，それ以上の見返りが期待でき，きっと採算がとれるのだ」(1664.10.21) と，この時代の男性が衣服に投資する意義を述べている． 　　　　　　　　　　　　　　<岩崎恵子>

る．編物の技術はオリエント，地中海の古代文明より存在していたことは確認されているが，ヨーロッパへはイスラム教支配を受けたスペインを窓口にして16世紀に広まったと考えられる．16世紀末にはイギリスで靴下編みの機械が考案されている．17世紀にはニット製の靴下は広く普及し，とくに絹製の靴下は脚線を美しく演出するのに欠かせぬ要素であった．靴下の色は様々で，赤や黄色の明るい色から緑，黒，グレイなど衣服に合わせたものが用いられた．また，踝からふくらはぎにかけて側面に刺繍を施すものもみられた．

　ジュストコール，ヴェスト，シャツ，キュロット，そしてクラヴァットを組み合わせた服装形式は18世紀末まで引き継がれ，近代男性服飾の原型になった．

6.3　ローブとジュープ

　オランダ市民女性のハイウエストのシルエットも，1650年代前半には再び胴部を細く仕立て，やや下方に引き伸ばしたシルエットへと変化した．スカート部

の意図的な膨らみはなくなり，布地の自然に流れるような広がりを示している．スペインモードから引き続いたヴェルチュガダンの影響から脱却したといえる．

17世紀後半の女性服飾は以下の手順で整えられた．まず下着として麻製のシュミーズ（シャツ）を着用した．これにはレースやフリルなどの装飾が施されていた．一部の貴婦人は下ばきとしてカルソン（仏 calcon）を着用したらしいが，一般的なものではなかった．シュミーズの上からコルセットの類で胴部のラインを整え，そしてローブを複数枚着用して装いの仕上げとなる．外側に着用したものをローブと呼び，内側に重ね着したものをジュープ（仏 jupe）と呼んだ．ジュープは上半身とスカート部との別仕立てになっていることが多く，後述するコール・ア・バレネと組み合わせるときのように，スカート部だけを着用することが多かった．ローブとジュープを重ね着することで着こなしに幅ができデザイン効果が高められた．たとえば，ローブの

図 6.7 マルガリータ王女（プラド美術館蔵）ヴェラスケス，1660 年．

◆ **マルガリータ王女** ◆

17世紀スペイン宮廷画家ヴェラスケスは王室一家の肖像画を数多く製作している．フェリペ4世の娘のマルガリータ王女は将来オーストリアのレオポルト1世との結婚が定められていたため，3歳，5歳，8歳そして9歳と王女の成長振りを嫁ぎ先へ伝えるために繰り返し描かれた．9歳のときの王女はバラ色のローブに身を包み，ふっくらとした口元も愛らしい．ヴェラスケスもバロック絵画の巨匠の1人である．レース装飾のような繊細な物を描くタッチは軽やかに，みずみずしい素肌はなめらかに，銀糸と織り交ぜたローブの布地は重厚にとそれぞれの質感を見事に描いている．スペインではこの頃フランス・バロックモードとは異なった服飾が愛好された．横広がりに拡張されたヴェルチュガダンは物々しく，スペイン宮廷の威圧的な雰囲気を伝える．あどけない顔立ちながら構築的な服飾に身を包んだ様子は物静かな印象を与える（図 6.7）．　　　＜山村明子＞

スカート部分の前中央を開いて下に着用したジュープの前面を見せる着装はよく行われた．またローブのスカートを後ろ腰の位置にたくし上げてヒップにボリュームをもたせた着装方法も認められる．この場合は外形的な面白さもさることながら，ローブとジュープの布地の取合せやローブの裏地の表情なども着装のポイントであったといえるであろう．

　1680年代になるとローブのスカートの裾が長くトレーンをひくようになった．または後ろにひくスカートを別に取り付けることもあった．これらの後ろにひくスカートをフランスではマントーと呼んだ．このトレーンの長さは女性の社会的地位によって定められていたり，その捌きかたも立ち居振舞いによって定められたりと，宮廷作法の一つになった．素材としてはジュープのスカートはボリューム感を出すためか，ローブよりも厚くて重い布地が用いられた．一方，ローブは優雅に流れるような曲線を演出しやすい柔らかな布地が好まれた．

a. デコルテの流行

　オランダ女性の服飾が1630年代に入るとローネックで肩のなだらかなラインを示すようになったように，スペインモードからの脱却は首を埋め尽くすラフの流行の終焉でもあった．男性服飾はその後クラヴァットなどによる首まわりの装飾を引き継いだが，女性の服飾は襟ぐりを低くしたデコルテ（仏 décolleté）による胸元の演出の方向をたどった．しだいに広くなっていく襟ぐりに対して，1634，37，40年と相次いで禁止令が発せられたが，その流行を阻む力は認められなかった．

　17世紀後半にはさらに思いきったデコルテが好まれ，胸の形をあらわにした．幅広のレースの襟は用いられなくなり，襟ぐりに沿ってローブの端を細い幅のレースで縁取りしたり，シュミーズのフリルやレースの縁飾りをのぞかせた．場合によっては，胸元を覆うために三角形のレースや絹製のフィッシュ（仏 fichu）が用いられた．これは，肩にかけてその端を胸元に押し込んで着装された．しかし，ふくよかな胸

図6.8 ローブのデコルテ

> ◆ **ローブ・ド・シャンブル** ◆
>
> 　17世紀末の女性用ローブに，ローブ・ド・シャンブルとかネグリジェ，デザビエなどと呼ばれる軽やかなスタイルが少しづつあらわれ始めた．モンテパン夫人が妊娠を隠すために始めたという説もあるが，次世代のモードを暗示する．背中と肩をゆったりと覆い，広いスカートに続く．深くくった襟元はフリルやレースで飾られる．18世紀初期のローブ・ボラントはこの流れを受けたもので，新しく登場したパニエによってスカートはゆったりと広がり，パゴダ袖がつく．
>
> 　また一方，17世紀後半の男性服飾に，東洋風の衣服として貴族らに珍重されたインド更紗の部屋着（アンディエンヌ）の存在が，モリエールの劇『町人貴族』に登場している．これもローブ・ド・シャンブルと共通する当時の好みのあらわれと解釈できる．　　　　　　　　　　　　　　　　　　　　＜菅原珠子＞

元の白く輝く肌は何よりの魅力的な要素なのであった（図6.8）．

b. コール・ア・バレネ

　ふくよかな胸元の演出と，上半身のシルエットを整えるために考案されたのがコール・ア・バレネ（仏 corps à baleiné）である．これは2枚仕立ての麻布製の胴着に鯨ひげを芯に入れたものである．胸元からウエストに向かって垂直に，わき下からウエストに向かって斜めにといった具合に縫い目をたて，その隙間に鯨ひげを差し込むことで胴部のシルエットを整えた．ウエストは細くひきしまり，下方に引き伸ばされた印象が好ましかった．多くのものは背面に紐締めの開口部がつけられた．着用時に紐締めするとより一層効果的に胴部を細いシルエットに整えることができた．

　この麻布の身頃を土台として，その上を絹やブロケードなどの表布で覆った．さらに短袖や長袖がつけられた．そしてその表面をていねいな刺繍で装飾した．女性達はまずコール・ア・バレネを着用することで，胴部のラインを整えた．その上からスカートを着た．コール・ア・バレネのウエストまわりには小さなループが並んでおり，スカートのベルトについたホックを引っ掛けられるようになっている．またコール・ア・バレネの前中心の下端はスカートの上にかぶさるように垂れ下げられたことで，胴着とスカートはひとつながりの着こなしになった．

　1670年代以降には，ガウンタイプのローブがあらわれる．前面の打合せを開

いて着用することで，その下に着たコール・ア・バレネの胸元を見せている．これはローブと装飾的なコール・ア・バレネとの組合せを楽しむ要素も考えられるが，胸元からウエストに向けて逆三角形のラインをつくりだすことで，より一層細い胴を強調するデザイン効果も兼ねていた．ガウンタイプのローブを重ね着するのでコール・ア・バレネには袖はつけられなくなった．今日の「見せる下着」といった位置づけであろうか．このような着装方法は 18 世紀へと引き継がれていく（図 6.9）．

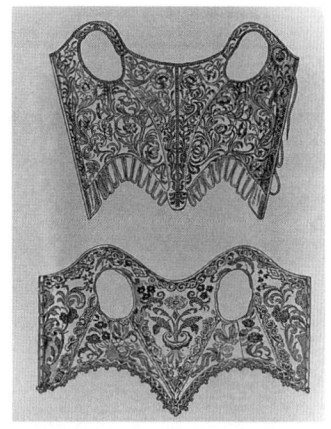

図 6.9　コール・ア・バレネ

c.　髪型，装身具

ラ・ブリュイエールの『カラクテール』にはめまぐるしく変わる髪形の流行に翻弄される女性の姿が述べられている．ルイ 14 世の時代の貴族的な装いは髪形を技巧的に結い上げるスタイルを好み，その新奇さを競うようになった．ことに頭部に巻き毛を積み重ねるかのように高く結い上げた髪型が好まれる傾向がみられた．中でも 1690 年代に大流行したのが，フォンタンジュ風（仏 à la Fontange）の髪型である．これはルイ 14 世の寵姫フォンタンジュ嬢が王の狩猟に同行したとき，突風に帽子を飛ばされてしまい，乱れた髪を整えるためにバンドでとめたスタイルを王がとても誉めたことから広まったといわれる．王自身は高く結い上げた髪型をあまり好んでいなかったとも伝えられているが，即席に編み出されたこのスタイルは魅力的に感じたのであろうか．結果的に女性の髪型はより一層高く結い上げられることになった．この髪型の整え方は様々である．たとえば絹で覆った針金の台に入れ毛を積み重ねて，高さをつくった上にボネ・ア・ラ・フォンタンジュと呼ばれる髪飾りをあしらった．これは硬い麻布やレース製の扇型の装飾品で細い襞をたたんでおり，前頭部に約 60 cm ほどの高さをもってそそり立っていた（図 6.10）．その様子を『カラクテール』では，女性達はその頭上に数階建ての家を建てていると風刺している．

男性服飾を彩ったリボン飾りは元来，女性に愛好された装飾品であり，17 世紀にも女性の髪型を調えるためには欠くことのできないものであった．フォンタ

図6.10 仕立て師（1697年）
つけぼくろとフォンタンジュ．

ンジュ風のみならず巻き毛を積み上げボリュームをもたせるにはリボンやレースの髪飾りが必要であった．またリボンはローブの胸元や前面にもあしらわれた．

技巧的な髪型に合わせるためか，化粧も濃厚につくりこまれた．特徴的なものとしてつけぼくろが流行し，黒いビロードや絹を切って顔面に張った．その形は三日月，星，彗星型と創意工夫され，張る位置によって呼び名をつけたり，記号的な意味をもたせていた．現実的には，当時天然痘がしばしば流行したために肌にできたおできやにきび跡を隠す意図が含まれてもいたという．つけぼくろは男女を問わず行われていた．肌の白さを引き立てるつけぼくろを愛好したように，当時は日焼けを極端に嫌い，戸外では顔面を覆うマスクを装着する姿もみられた．

◆『カラクテール』（人さまざま）◆

17世紀フランスのラ・ブリュイエール（1645-95）の主著．彼はパリを生活の場として法律を学び，裁判所に勤務ののち，コンデ公，ブルボン公に仕えた．仕事に通う途中で見聞したこと，王侯貴族の生活を観察したことなどをモラリストとして，また風刺家として批判した結果をまとめたのが『カラクテール』．女について，心情について，社交界及び社交について，町方について，朝廷について，などなどの章にわかれ，当時の人々の様子や風俗に関する記述はもとより，時代を超えた人間の姿や性格をもよく観察してある．一部を紹介する．

「立身出世のためとあらば，朝臣にとってどんな出来ないことがあろう？そのためには信心家にさえなるのだから」，「一つの流行が前の流行を骨折つて滅ぼしたかと思うと，それが更に新しい流行に打倒され，それが又次に来る流行に負ける．しかもこの流行も亦最後のものではないのである．我々の軽佻さは大体こんなものである．こうした変革の間に一世紀が流れる．すると凡てそうした装飾はすたれ物の数に入ってこの世から姿を消す．そうなると，最もめづらしがられ見たがられるのは最古の流行である」（以上2点とも「流行について」の項から）．

<菅原珠子>

ネックレスやイヤリングには金やダイヤモンドに加えて，真珠が好んで用いられた．また，安価に手に入る人造石が取り入れられるようになった．

　手にもつアクセサリーが装いの仕上げには欠かせなかった．手袋やマフ，ハンカチーフ，かぎ煙草入れ，扇子，パラソル，細いステッキなどである．これらはその実用性よりも，手にしていること自体の装飾効果が重要なのであり，またその仕草が大切な作法なのであった．したがってこれらと衣服とのコーディネートにも細心の気配りを要した．当時，かぎ煙草をたしなむ人は多く，かぎ煙草入れは美しい贈り物として一般的であった．ルイ14世も好んでこれを多くの女性達に贈った．ところが，王自身は喫煙をとても下品なことと考え，煙草を嫌っていたという．このようなところにもルイ14世のつくりだした宮廷文化の本音と建前の二重構造を見出すことができ，興味深い．

d. ギャラントリーの美意識

　ギャラントリー（仏 galanterie）という美意識は 17 世紀フランスの一種の社会現象であった．語源はギャラン（仏 galant）であり，意味は「甘い言葉」，「礼儀正しく感じのよい態度」，「恋愛」，「浮気」，「エスプリに満ちた詩歌」，「贈り物」，「趣味の良い，当世風な」などと幅が広い．ことに男性の立ち居振舞いや装いの意識をあらわした「男性が貴婦人に気に入られようとしてとる態度」がその真意であろう．

　ギャラントリーな男性はつけぼくろを好み，また，リボンを帽子やラングラーヴに飾ったり，手首に巻き結んだ．これらは男性に艶な魅力を与える効果をもっていたであろう．また前項で述べたように，つけぼくろは肌の白さを引き立てる効果をもっていた．手首に巻くリボンも黒または濃い色のものを用いることで同様の効果をもつ．肌の白さは清潔感の表現として，女性のみならず，女性に愛されようと心をくだくギャラントリーな男性にとっても重要な要素になったのである．

　語源であったギャランには元来「恋人」という意味のほかに「リボン」という意味も含まれていた．恋愛行為とリボンとは当時の社交界の風習の中で一つにつながっていた．人々は恋愛感情をリボンの色に託し，恋人同士でリボンを贈りあったり，身に着けた．たとえば，火の色のリボンは燃えるような熱烈な恋心といったようにである．リボンの色彩に意味をもたせることは一種の遊びともいえる

が，リボンが大切な恋愛の小道具であったことは確かである．またこのような遊び心に精通すること自体もギャラントリーの精神なのである．

　つけぼくろの記号的な意味の大半は恋愛に関する名称であった．たとえば，目元が「情熱」，頬が「恋人」といった具合である．同様のことは女性のリボン飾りにも行われていた．これもまた社交界での遊びである．ギャラントリーの美意識は男性にリボンやつけぼくろといった女性的な装いを選択させた．それは女性に愛されるべく色気や清潔さを演出することであり，社交界での洗練された遊びの精神を，さらには恋愛感情を表現する要素であった．

7

18 世 紀

7.1 ロココの美

a. ロココとは

ロココは装飾様式の名称で，フランス語のロカイユ（rocaille，岩石や貝殻で飾った人工岩窟）から転訛して用いられた言葉である．室内装飾や工芸品において，不規則な貝殻状のモチーフが描かれ，優美な曲線や唐草模様などに特徴がある．芸術や生活文化のあらゆる分野にロココ様式がみられたが，とくに装飾美術やモードにおいて豊かに花開いた．ロココの時代と呼ばれるのは，おおよそフランスのルイ 14 世（1638-1715，在位 1643～1715 年）の時代の末期に始まり，オルレアン公フィリップ（1674-1723）の摂政時代（1715～23 年）を経て，ルイ 15 世の時代（1710-74，在位 1715～74 年）に最盛期を迎え，そしてルイ 16 世（1754-93，在位 1774～92 年）の時代の初期に終焉した．政治的な分野は別として，文化領域全般を通じてフランスが優位に立ち，ヨーロッパに指導的な立場で影響を与えていた．

ルイ 14 世の死によってオルレアン公フィリップが摂政となり，ヴェルサイユからパリに拠点が移され，従来のヴェルサイユ宮殿の厳格なしきたりから解放され，自由で伸びやかな宮廷生活が生まれた．ルイ 15 世の時代には再びヴェルサイユ宮殿に拠点が戻ったが，軽快で洒脱なロココ独自の美の世界が花開く．その牽引役を担ったのがルイ 15 世の愛妾ポンパドゥール侯爵夫人であり，ロココ終焉に新たな美を導いたのがルイ 16 世の后マリー・アントワネットであった．

彼女らは，とくに女性が自ら主催するサロンを通じて，芸術家，思想家そして文学者などの擁護者となり，芸術文化を推進した．したがって，ロココの美は非

常に女性的なエレガンスを表現しており，モードにおいても男性よりも女性が優位に立つようになる．また，王侯，貴族そして市民という身分階級よりも，経済的階級がモードに影響力をもち始めたことも特徴的である．市民さえも社交界を通じて趣味を磨き，そこでは洗練された自由な服装，気紛れな好みそして逸楽が追求された．そして装いにおける遊戯性は，謝肉祭の仮装において最も発揮された．

b. ロココの絹織物と東洋趣味

社交界の舞台となった室内は，サロンの主人の趣味が反映され，家具，調度そして壁面のレリーフや天井画など，モードとともにあらゆるものが呼応し合って造形され，環境芸術ともいえる総合的な芸術表現の様相を呈している．過剰ともいえる装飾性を示しながらも，明るい色彩，そしてリズミカルな各部の曲線模様が，バロックの色彩や造形とは異なり，明るく軽快な印象を与えている．

また，大航海時代貿易の遺産として，17世紀から18世紀にかけてアジアの影響がヨーロッパに強まった．繊維工業や工芸品など各国で産業が定着し，自国産のものが生まれてくる．とくに，フランス絹織物工業が，リヨンを中心に17世紀後半からイタリアを凌ぎ，18世紀には全盛時代を迎えた．多くの肖像画にみられるように，ダマスク織，ブロケード，ヴェルヴェットなどの見事な色彩と華やかな絹織物が，毛織物にとって代わる．フランスの最新の模様や色調を各国が競って模倣し，化学染料の発明と東洋趣味が各国の流行に拍車をかけた．その結果，ロココ文化の大衆化が生じ，ペルシャやトルコ，インドの文物に加えて，中国の陶磁器や日本の着物も含めた東洋文化に対する好みが流行した．その中でもとくに中国趣味をシノワズリ（仏chinoiserie）と呼んでいる．

さらにアンディエンヌと呼ばれた捺染綿布であるインド更紗の人気が，絹織物産業に打撃を与えるという側面もあっ

図7.1 身仕度を整える（ティッセン・ボルネミサ美術館蔵）
フランソワ・ブーシェ，1742年．

7.2 宮廷の男性

　また，ウエストから下の部分は17世紀末には徐々に広がり，18世紀にはウエストは細くなり，下部はさらに広がった．この部分をバクラム（buckram）といい，フレアースカートのように，しかも張りのあるドレープが寄っている．それは膠（にかわ）などで堅くした麻布で裏打ちされ，鯨のひげなどで張りをもたせて形づくられた．

　18世紀半ば頃になると，アビの前が開いて，前から脇そし

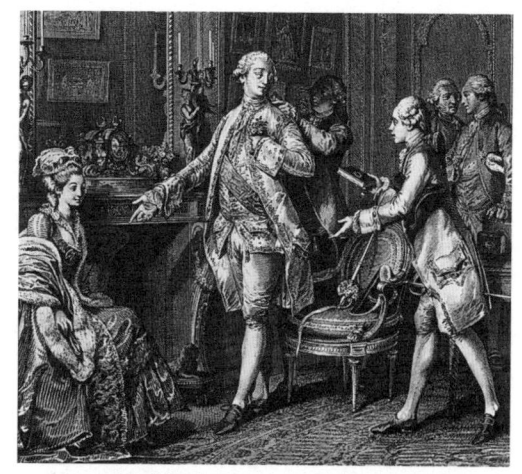

図 7.3 大盛装（フランス国立図書館版画室所蔵）モロー（息子），1778年．

て後ろに向かうシルエットは，前の腰から下方が傾斜を付けて後脇のほうへとカットされ，下に着用しているキュロットとヴェストがみえるようになる（図7.3）．また，ネックラインの前中心の部分では，胸元へとカットされて，下のヴェストとシュミーズ（シャツ）がみえるようになる．それに従って，シュミーズの胸部分にジャボ（仏 jabot）と呼ばれるフリルのレースが装飾され，さらにその上にモスリンや絹織物製のクラヴァット（仏 cravate，英 neckcloth）やスカーフが巻かれ，その巻き方にも様々な工夫がなされた．色は基本は白で，軍事には赤や黒が用いられた．

　ルイ15世時代末期にはアビは身幅が狭くなり，それに伴ってヴェストの袖をとってしまう．これが，1762年以降の『アカデミー辞典』にジレ（仏 gilet，英 waistcoat）という名で収録されているものである．アビに必要な生地は初期のアビの1/3近くに減少したという．前ボタンとボタン穴は，装飾の役目だけを担った．そしてアビの前からみえるジレへと，装飾の中心が移行していく．

　ヴェストは初めはジュストコールの下に着ける，ほとんど同形の室内着だった．ジュストコールがアビと呼ばれ，正式な服装になると，ヴェストは内着あるいは装飾用の役割をするようになる．ヴェストの前面は美しい織物でつくられ，白地に多色の花柄や花束などの刺繍が施され，ボタンも宝石，七宝，金銀細工，絹のループなど，かなり凝ったデザインが生まれた．そのモチーフに『ラ・フォ

7. 18 世 紀

◆『百科全書』と服飾◆

　18世紀フランスは啓蒙思想が中心となった．啓蒙思想は，知識の全分野において伝統的な権威を拒否し，科学的な探求の方法を求めていくものであった．その一つとして，ディドロとダランベールによる『百科全書』(1751年)の刊行があげられる．『百科全書』は，本文17巻，図版11巻があり，図版には新しい知識や技術の解説がなされている．本文の服飾関係項目と図版とにより，当時の服飾についての見解と具体的な技術を知ることができる．たとえば，「衣服の仕立て師」では，アビ，ヴェスト，キュロット，ルダンゴット，ジレ，フラックなどの名称と裁断図があり，「婦人服仕立て師」では，ローブ，寝間着などがあげられている．また「パニエ」の項目では，以下のようにその構成と当時の批判が述べられており，興味深い．

　　鯨のひげの輪の上に縫い付けられた布製のジュポンの一種．鯨のひげは下から上に置かれ，下のひげは最も広がり，他のひげは身体の中ほどに近づくにつれ小さくなる．この衣服ははじめはスキャンダルになった．…人々はパニエを着続けた．そしてついに司祭たちは，なすがままにさせるようになった．

<佐々井 啓>

ンテーヌ物語』，『ドン・キホーテ』，人気のある話題のオペラの場面などが描かれ，文学的な叙情性や同時代の話題性に富んだ表現の場ともなっている．

　ヴェストには袖なしもあったが，上述したように，アビの変化に伴って18世紀後半には，着丈が短く袖のないジレが生まれ，ヴェストと同様に前面が美しく飾られた．後ろ身頃はみえないので，別生地でつくられ，丈も前よりも短く仕立てられている．

　下衣はキュロットと呼ばれる一種の半ズボンである．これは17世紀末にジュストコールとともに着用され，以後引き継がれた．フランス革命時に一時期退けられたが，19世紀前半まで残って使用された．西欧では中世以来，長ズボンに異民族の蛮性をみてきたために，上流階級の下衣として半ズボンにこだわり続けた．

　キュロットの素材はアビや後で述べるフロックなどの上着の共布あるいは，コーディネートできる適当な布が選ばれた．キュロットには前立てはなく，前身頃のサイドに2カ所縦にあきがあり，ボタンなどで留められたので前中央部はフラットで，余計なカットがなく，エレガントで女性的な印象を与える．また，ヴェ

7.2 宮廷の男性

ストが短くなると前中央がみえるようになる．

そして膝上丈だったキュロットは，18世紀半ば頃に膝下丈になり，脇にあきができてボタンやバックルなどで留められ調整された．キュロットとともに，ショース（ホーズ）が用いられたが，ほとんどが絹か木綿で色は白が多く，白粉を振ったかつらの白と呼応していた．正装用の絹のショース（ホーズ）には，金銀糸で刺繍が施された．靴は黒が多く，前にバックルが付けられているものを絵画資料でみることができる．

ロココの宮廷やサロンにおいて，模様に文学的な物語を選んだり，流行の色の名称や後に述べる髪型などに時事的な内容や動植物など様々な名前を付けており，男性服に限らず服飾が一種の遊戯の対象となっていることがわかる．男性モードのアイテムやシルエットはそれほど大きな変化がなかったので，刺繍など細部の装飾および装飾品がロココの粋な男性を仕立て上げる重要な要素となっていたのである．

宮廷用盛装は，華やかな刺繍，裏打ちのあるビロードの衣服などで豪華な建物のように着飾られた．3日間の祝典には3着のアビが必要であり，宮廷人の出費もはなはだしかった．そこで，男女ともに，仕立て屋から借衣装をすることもあった．また，1770年に，ダルティガロングという仕立て屋が，自分の店では既製のあらゆるサイズの服を手に入れられ，地方や外国にも発送する用意がある，という宣伝をした．これは，後に急速に発展する現代既製服の最初の発想である．

18世紀には，現代に通じる衣服の原型が形成されるとともに，男性服が簡素化へと向かった点に特徴がある．

b. ルダンゴット，フロック

フランスにおけるルソーの自然主義の思想は，生活の中に田園生活をうまく取り込んでいたイギリスに人々の目を向けさせた．もちろん，産業革命をいち早く実現していたイギリスでは男性服の簡素化が進んでおり，その点でも既にイギリスは注目されていたのである．

こうした流れの中で，フランスの男性モードに大きな変化が起こる．イギリスで乗馬服として用いられていたライディングコート（英 riding coat）が1725年頃にフランスに入り，ルダンゴット（仏 redingote）と呼ばれるラシャ地の外衣

7. 18 世 紀

> ◆ ジャン・ジャック・ルソー ◆
>
> 　自由で孤独な自然の人間の姿を理想とし，後のフランス革命を導いたといわれる思想家（1712-78）．当時の風俗に鋭い批判を下し，また，自分の思想を服装で表現しようとして自己改革と称した．『告白』には，国王臨席のもとで上演されたルソー作曲の歌劇「村の占い師」に粗末な服装で出席する様子が述べられている．その場ではさすがに気後れがしたが，しかし「つねに自分自身であるためには，自分の選んだ境遇に従った服装でいるのを恥じてはならない」と自分の主義を貫いた．
>
> 　女性の服装については『エミール』の中で，「現代の女性の体つきを目立たせるというよりはむしろゆがめるコール・バレネなど，ギリシアの女性は使うことも知らなかった」といって批判している．
>
> 　さらに『新エロイーズ』では，パリの女性についての批評を述べている．
>
> > 彼女たちは着こなしが上手です．…あんな妙ちきりんな服をこれほど趣味よろしく着こなすことはできません．あらゆる女性たちの中で彼女たちがいちばん自分たちの流行に縛られておりません．流行は田舎の女を支配しますが，パリの女は流行を支配し，ひとりひとりが流行を自己流に作りなおすすべを知っています．一方が綴字の間違いまで引き写す無知で盲従的な筆耕のようだとすれば，他方は主人として書き写し，悪い原文は訂正することができる作者です（松本　勤訳）．
>
> <佐々井 啓>

が誕生する．袖には飾りボタンが付き，襟は 2 枚重ねになっていて，ロトンヌという 2 枚目の襟が肩を覆っている．ルダンゴットは，モードとしてイギリスに逆輸入された．ルダンゴットは旅行やスポーツに限らず，18 世紀末にはしだいに昼間着になった．また，外衣としては前時代以来のカサック（仏 casaque）やマントも用いられている．

　さらに，アビが正装になると，日常着にはイギリス生まれのフロック（英 frock，仏 frac，独 Gerock）が用いられるようになる．フロックはアビと似た形の上着だが，背中に縫い目がない．また，小さな立ち襟が付き，ポケットがなく，素材は毛織物である．ルイ 16 世がフロックを着用することで，1780 年代にはフランス宮廷では，アビに代わる宮廷服として認められるようになる．このようなフロックの存在の高級化には，ルダンゴットの日常着化と同様に，強いイギリス趣味，すなわちアングロマニが反映されていて，フランスにおけるイギリス

好みの流行として，ヨーロッパ各地へと広がっていった．

　宮廷服となったイギリス風フロックは，前打合せが常にボタンで留められ，ヴェストは下方のみがみえるもので，立襟は反り返っているのが特徴である．毛織物ばかりでなく絹織物も用いられ，畝織や縞柄などが，そして色調は芥子色，浅黄色そして黄緑などが好まれた．

　こうして男性モードは，18世紀後半以降，イギリスが先導者として現代に至るまで確実な地歩を固めるようになる．

c. 髪型と被り物

　かつらは引き続き流行し，正装には欠かせないものであった．1730年代までは，ルイ14世時代の縮れて長く，縦にボリュームがある豊かなかつらが用いられていた．やがてそれは老人や自由業の一部の人々に使用が限られるようになり，新しいタイプのかつらが流行する．

　最も流行したかつらの一つに，ペリュック・ア・ブールス（仏 perruque à bourse，英 bag wig）がある．これは，ドイツの騎兵が長い髪を後ろでまとめてリボンで結んでいたのに対して，フランスの騎兵が後ろにまとめた髪の先を袋の中に入れたことに由来するといわれている．フランスの貴族は，この小袋（bourse）を黒のタフタでつくった．袋の上はリボンで飾り，ときにはそのリボンの両端を首にまわしてあごの下で結ぶこともあった．リボンの素材はタフタ，サテン，ヴェルヴェットなどが用いられた．

　また，ほかに流行したかつらの型はペリュック・ア・ヌー（仏 perruque à noeuds）で，これは巻き毛のある髪を後方にまわし，毛先を細くして小さな2本の毛束にまとめるものである．整髪師と着用者の間で様々な工夫がされて，多様なかつらの型が編み出されたことが，1753年の『ロンドン・マガジン』に紹介されたかつらの種類の多さから理解でき，「鳩の翼，彗星，カリフラワー，ロイヤル・バード，階段，梯子，はけ，猪の背，神殿，さい，縄でしばった狼の足，サックス伯爵式，雌竜，ぼら…」などの名称がみられる．さらに軍隊用の機能性があるかつらも考案されている．もちろん就寝時はかつらをはずし，代わりに木綿の縁なし帽が被られた．

　帽子はつばを三方で折り上げたトリコルヌで，18世紀を通じて普遍的な被り物になった．一部の労働者や牧師はつばを折らずに被っていた．17世紀のもの

◆ **ウイリアム・ホガース**（1697-1764）◆

イギリスの画家であり銅版画も多く残す．世俗画を得意とし，庶民生活から貴族社会の世相を風刺をもって描いた．とくに連作形式の物語絵が人気を博す．代表作「当世風の結婚」（図A）は，当時よくみられた新興成金の娘と，持参金目当ての貧乏貴族の子息との結婚生活を描いた連作である．新婚の夫は愛人宅より朝帰り，妻は明け方までカード賭博を楽しんだのを床のトランプが物語る．グロテスクに誇張された彫刻や掛け時計も嘲笑される．当時，上流社会の結婚は身分や財産によって家どうしが決める形だけのものが多く，婚姻後はお互いに干渉せず好き勝手に行動した．

図A ウイリアム・ホガース「当世風の結婚 第2場」部分，1745年頃(National Gallery, London)

＜岩崎恵子＞

と比較すると，山はやや高めで，金のブレード，羽毛，ブローチ，リボン，ボーなどがふんだんに飾られ，素材にはいままでどおりビーヴァーの毛皮が，安物には兎の毛皮が用いられた．

7.3 宮廷の女性

ロココの女性服は，男性がそれまでの服装を簡略化し洗練させていったのとは異なり，多様な展開をみせた．ルイ14世時代にはいかなる愛妾も政治への関与が許されていなかったが，ルイ15世の愛妾達は，サロンでの社交を通じて文化，芸術の擁護者となり，さらに政治にまで及ぶ実権を握るようになる．まさに女性の時代といわれるゆえんである．

摂政時代から1730年代頃までは，17世紀末以降に用いられていたゆったりした前あきのガウン風ローブが主流であった．1715年にニューモードとして，サックガウン（英 sack gown）が登場する．これは，演劇の役柄の名前をとってアドリアンヌ（Adrienne）あるいは一般にローブ・ヴォラント（仏 robe volante, 英 flying gown）といわれている．雅宴画を確立したアントワンヌ・ヴァトー（1684-1721）が描くほとんどの女性がこのスタイルのローブを着ていることか

ら，後にヴァトー・ローブとも呼ばれるようになった．

このローブは上衣と下衣が1枚続きで断たれ，ウエストもはっきりしないルーズな形であり，背中心の上から裾まで深くゆるやかなボックスプリーツがみられるのが特徴である．前の部分には胸当てのストマッカーがつくこともあった．1720年代には形態的に整えられていったが，早くも1730年代には着られなくなる．

自然なシルエットの好みから，新たなパニエの流行とともに，技巧的で装飾過剰なローブの流行へと徐々に向かった．そして18世紀後半には，アングロマニ（イギリス趣味）の影響から，田園生活をイメージするようなローブや簡素な好みが生まれ，急激に変化していく．

図 7.4 マルリー宮殿へのデート（フランス国立図書館版画室所蔵）
モロー（息子），1778年．

a. パニエとコール・ア・バレネ

ロココ盛期のローブを支えたのは，パニエ（仏 panier，英 hoop）とコール・ア・バレネ（corps à baleiné）という対の下着である．パニエはルネサンスのヴェルチュガダンに続くペチコートの一種である．起源は諸説あるが，その一つにイタリア喜劇俳優からあるいはイギリスからパリにもたらされたともいわれる．初期の型の記録は1718～19年頃に既にみられる．1730年頃にはフランスで全盛を迎え，ヨーロッパ各地へと伝播した．また，貴族のみならず市民からあらゆる階層に普及した点にルネサンスのヴェルチュガダンとの相違がある．

初期のパニエは，麻布製のペチコートに籐，柳の茎，蔓，そして鯨のひげなどを輪にして何段か重ね，漏斗型や釣鐘型につくられた．早くも1735年頃までには，釣鐘型は人気がなくなり，前後はそのまま平たくして左右に広げる横張り出し型のパニエが流行する．これは肘がのせられるくらい広いので，パニエ・オ・クード（仏 panier aux coudes，英 elbows pannier）と呼ばれ，時と場所と状況に

応じて，パニエも使い分けられた．

　極端に造形化された盛装用のパニエの例として，前後30 cm 程度の幅で平行し，横に2mほどの広がりがあるものがある．このようなタイプのパニエを着た貴婦人は，儀礼会場の椅子や劇場の椅子を2～3人分も占領してしまうので，人と並んでは座ることはできなかった．さらに，横歩きしないと戸口を通れないなど多くの難問が生じて，パニエの流行が建築設計や家具デザインにまで影響を与えた．このようなロココのパニエには非常に気紛れな趣味が典型化されているといえる．パニエの着用はおおよそ盛装ではフランス革命まで続くが，一般には18世紀後半には変化がみられ，大きさが減じたり，蝶番（ちょうつがい）で閉鎖できる骨組なども考案された．

　次にパニエとともに，上半身に身につけられた胴衣で鯨骨によって整形されたコール・ア・バレネがある．これはバロック時代以来使用されてきたものであり，従来の胴衣よりもさらに，胸をもち上げる形式に変わる．つまりコールの高さは乳房が見えるような位置になり，胸の膨らみや動作による胸の動きが豊かに感じられることが求められた．

b．ローブ・ア・ラ・フランセーズからシュミーズ・ア・ラ・レーヌへ

　上述したローブ・ヴォラントは，1720年代に襞付きローブに形を変え，後にローブ・ア・ラ・フランセーズ（仏 robe à la française）と呼ばれるようになる．フランスのモードとして流行したこのローブは，ロココ様式にふさわしい優雅で美しい形態をもち，男性のアビ・ア・ラ・フランセーズとともに，宮廷服あるいは盛装として，革命期まで着用された．そしてその新型が次々に考案され，ファッションドール（新作モードを着せた人形）に着せられて，フランスからヨーロッパ各国の宮廷に送られた．そして，各宮廷か

図7.5 ポンパドゥール侯爵夫人（ミュンヘン，アルテ・ピナコテーク蔵）
フランソワ・ブーシェ，1756年．

7.3 宮廷の女性

┌─────────────────────────────────────┐
◆ **ポンパドゥール侯爵夫人** ◆

　市民出身のポンパドゥール（1712-64）は，義理の父の甥で，金融家である平貴族の青年と結婚する．当時よくある話のように，既婚の彼女も宮廷に入り，最終的には王の愛妾になるのが夢だった．彼女はパリやヴェルサイユで催された仮面舞踏会に何度も出かけ，ルイ15世に声をかける機会をうかがった．また，セナールの森で狩猟帰りの王を出迎え，その美しさで噂が立ち，ついにルイ15世の心をつかむ．1745年に愛妾として正式に認定され，後に宮廷の最高位，侯爵夫人の称号を得る．

　彼女は総合的な創造能力があり，ヴェルサイユにつくらせた劇場では自ら脚本，衣裳，主演をするなど多才ぶりを発揮した．ルイ15世から生涯愛し続けられ，その地位を保ったのも，美貌というよりも彼女の才覚によるところが大きかった．

　またモードにおいては，新しいものはみなア・ラ・ポンパドゥール（ポンパドゥール風）として流行し，市民の商業的振興に貢献した．芸術や工芸ではブーシェに絵画や室内装飾，小物に至るまでを依頼し，ロココの美を生み出させた．さらに，サロンでは哲学者ヴォルテールをアカデミーの会員にしたり，啓蒙主義者に対し『百科全書』出版を擁護するなど，名実ともにロココの女王として君臨したことはあまりにも有名である．　　　　　　　　　　　　　　　＜水谷由美子＞
└─────────────────────────────────────┘

ら注文が寄せられパリで製造されたため，各宮廷の人々はそれが届くのを心待ちにしていたのである．

　ポンパドゥール侯爵夫人は，ローブ・ア・ラ・フランセーズを宮廷服として決定的なものにしたという説がある．その説の裏付けとして共同作業家であった画家フランソワ・ブーシェ（1703-70）が描いた彼女の肖像画の，見事なスタイルを挙げることができる（図7.5）．

　袖は肘までで，その先端にはみごとなレースが重ねられ，宝石や刺繍などが飾られた．オープンガウンの形式なので，ストマッカー（胸当て）と下のスカートが見えていて，前者にはリボンや宝石が階調をなして飾られ，上中央に付けられたブローチによって胸が強調された．下のスカートは上のローブと共布あるいは適した布で，刺繍やリボンそして宝石などであらゆる装飾が施された．刺繍は男性と同様に自然な花柄や唐草など優雅な様相を呈している．

　バロック時代の暗く重厚な色彩感覚から解放され，明るく多彩な色が実現され

た．その上にさらに金銀糸や宝石で装飾され，盛装はこの上なく豪華なものになった．また，フランスでは，ヴェネツィアからかつて学んだレースも，1660年に設立された王立レース製造所がすぐれたレースを製作するようになった．そしてレース産業はバランシエンヌ，アランソン，パリなどで自国産業として栄えた．

とくに宝石類で見逃してはならないことがある．それは，ヴィンセンツォ・ペルッツィが発明したブリリアントカットの技巧である．ダイヤモンド特有の光の屈折が，このカットの角度に応用され，輝きを増したダイヤモンドはそれまでの真珠の位置に変わり，今日まで続く宝石の王座を確立したのである．

さらに，ロココの女性が恋愛の仕草を演出するために，なくてはならないものが扇子であった．もともとは日本の桧扇が中国に伝わり，大航海時代貿易によって扇子はヨーロッパにもたらされた．当初は輸入品のために高価で一部の儀礼用に限られていたが，徐々にヨーロッパに産業が起こり18世紀にはその盛期を迎えた．時と場所と状況に応じて各種の扇子が持たれ，ポンパドゥール侯爵夫人の扇子には，ブーシェが絵を描くなど，日常小物にも芸術性が求められた．扇子の使用については，スペイン生まれの扇子言葉が男女の恋愛遊戯の道具として一般化し，花嫁修業の一部までになったことは興味深い．

盛装用とは異なる日常のすべての簡易な衣服は，ネグリジェ（仏 negligé）と呼ばれた．世紀後半には異国趣味の影響で，新しい簡易な服装の形態がいくつも生まれる．その代表的なものがローブ・ア・ラ・ポロネーズ（仏 robe à la polonaise）である．これは，18世紀後半から世紀末まで用いられたもので，パニエの小型化に伴いあらわれたローブである．2枚重ねのスカートの上の前を開いて3等分し，リボンや飾り紐で巻き上げて着る形式である．上のスカートの周囲はフリルが付けられ，カーテンのように三つのドレープをみせる．この中央の垂れをクー（仏 queue，尾），両側をエル（仏 ailes，翼）という．

袖はサボ袖（仏 sabot）で，フリルの腕章のようなものが肘のあたりを囲み，先にレースや紗の袖口飾りが付けられる．腕章のような部分には，大小のリボンや真珠が飾られた．その他に，類似したものとしてローブ・ア・ラ・シルカシェンヌ（仏 robe à la circassienne）がある．これはスカートはポロネーズと同じ形だが袖の部分が少し異なり，上の袖（仏 amadis）が漏斗型で短く，袖口から下のローブあるいは胴着の袖が出るものである．また，手首にフリルが付いている

7.3 宮廷の女性

◆ マリー・アントワネット ◆

　マリー・アントワネット（1755-93）がモードの主役を演じたのは，意外に短くフランス革命前の10数年間であった．他の文化現象と同様に，ルソーの思想に呼応して，モードも徐々にイギリスの影響を受けた．彼女はルイ16世から贈られたプチ・トリアノンのまわりに田園的庭園をつくらせ，そこを舞台にして極端で演技的な牧歌的生活様式を築いた．モードにおいても，儀礼的で極端に誇張され，装飾されたローブ・ア・ラ・フランセーズではなく，ここでは自然なシルエットで簡素な服装を楽しんだ．しかしこのことは，彼女の莫大な衣装費をけっして節約する要因にはならなかった．

　映画『マリー・アントワネットの首飾り』（"Affair of the Necklace", 2001年）は，アントワネットにまつわる1785年のいわゆる首飾り事件をもとにしたものであるが，その史実の首飾りは540個のダイヤモンドによってつくられており，合計2800カラットで160万リーブル（時価約192億円）もする高価なものだった．この事件の真相は，マリー・アントワネットが詐欺にあっていて，実際には購入していない．しかし，事件の結果はそれまでの彼女による国庫財産の明らかな乱費が批判され，革命へのきっかけをつくった．　　　　　　＜水谷由美子＞

のも特徴である．ポロネーズと同様に18世紀終わり頃まで続いていた．さらに，ローブの丈を短くした感じのカラコ（仏 cara-co）が流行した．スカートと組み合わせた2部形式になったこの日常着は，部屋着や散歩着としてよく着られた．

　そのほか，イギリスの影響を直接受けたローブには，イギリス風ローブ（仏 robe à l'anglaise）とローブ・ア・ラ・ルダンゴット（仏 robe à la redingote）がある．前者はパニエではなく，硬くした麻布製の腰当てを後腰に入れて，後ろにボリュームをもたせ，トレーンをひいたもので，ローブの表面は装飾が少なく，簡素な感じになる．

　後者は，スポーティな服装の発展の中で生ま

図7.6 マリー・アントワネット（フランス国立図書館版画室所蔵）ボワゾット，18世紀．

7. 18 世 紀

◆ **英国女性バーバラ・ジョンソンの服飾アルバム** ◆

　このアルバムはバーバラ・ジョンソンが，8～86歳（1746～1824年）までの間に購入した服地・値段・用途などを細かく記録した服飾家計簿であり，18～19世紀初期の女性の衣生活を知る上で大変参考になる．その内容は流行や年齢とともに変化し，興味深いものである．購入内容から作成した図Bのグラフからは，田園趣味やシュミーズドレスの流行に従い，しだいに綿布の購入割合が増加していること，若い時期のほうが服地の積算購入数が多く，お洒落意欲が高いことなどが推察できる．

〈岩崎恵子〉

図A バーバラ・ジョンソンの服飾アルバム　　**図B** バーバラ・ジョンソンの服地購入内容
　　　（Victoria and Albert Museum）　　　　　　　　の変化

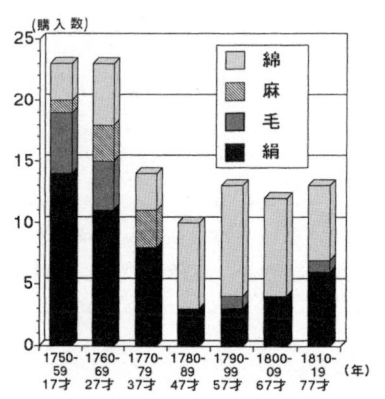

れたもので，貴婦人の間で乗馬や旅行などのために着用された．このローブには，男性のルダンゴトを真似たようなマニッシュな好みが反映されている．このローブ・ア・ラ・ルダンゴトは，襟付きで前打合せがみられる．ジャケットはヴェルヴェットでつくられ，タッセル付きのサッシュに紗の胸飾りが特徴で，しばしば金属製の大きなボタンが付き，男性風の強さが表現されている．これに大きな帽子などが被られ，旅行着などに用いられた．さらに，前世紀以来のエプロンが貴婦人には装飾を兼ねて流行している．

　ロココ末期を特徴づけるものが，マリー・アントワネットが1781年以降に流行させた宮廷の室内着風ローブである．それはフランス宮廷で，王妃のシュミーズつまりシュミーズ・ア・ラ・レーヌ（仏 chemise à la reine）と愛称されたものである．王妃は宮廷の堅苦しいローブを嫌い，農村で働く女性の服装をヒントに

大変贅沢な素材でこの型をつくらせたが，それはパニエを用いず後ろ腰を膨らませた，全体に自然なシルエットのローブである．素材は無地のサテン，薄い絹，紗，木綿で，白がとくに好まれた．胸はデコルテで，その上に紗などのスカーフが掛けられ胸を覆っていた．ややハイウエストでウエストには幅の広いベルトのような布が巻かれていた．ここには 17 世紀末のシルエットが蘇っている．

日常着に用いられたこの新しいスタイルは，フランスとイギリスの宮廷でほとんど同時に採り入れられ，その後 10 年ほど流行した．薄衣で縦にドレープが美しく入ったこのローブが，後のエンパイアスタイルにつながっていくのである．田園生活がますます好まれ，スカート丈床上 3 cm が登場し足が見えた．東洋趣味のあらわれでパラソルをもつことも流行する．ロココ末期は髪型やパニエに代表されるように，きわめて人工的で不自然な造形と，それとは対照的な自然なローブが同時に愛好され使用されたといえよう．

c. 髪型と被り物

ロココの髪型は，まず摂政時代からルイ 15 世治下にかけては，ウェーブはあるが比較的自然な形で，後頭部で小さくまとめた髪型が主流だった．この髪にはリボン，ボー，レース，生花あるいは造花さらに宝石などが飾られたものの，やや厳粛な印象を与えるスタイルだった．それが，1760 年代の後半からきわめて大げさで，人工的なスタイルに結い上げられるようになる．

そして，ヘアスタイルの勝負はまるで高さといわんばかりに，高くそびえるようになる．自分の髪の中に亜麻や馬毛を詰めたパッドを入れて土台にして，さらに付け毛を混ぜて結い上げた．基本はその天辺まで届くカールであった（図 7.6）．それが崩れないようにポマードでしっかり塗り固められ，その上から大量の髪白粉がふられて白くされた．白い髪は人の年齢を不詳にする効果があったのである．また，その髪や顔の白さに対するアクセントとして，ビロードなどでつくられたいくつもの黒いほくろをつけることが流行した．

図 7.7 髪の火事（フランス国立図書館版画室所蔵）
ボワッソン，18 世紀末．

7. 18 世紀

◆ モード雑誌の発刊 ◆

　1760年以降になると，今日の重要な専門誌の祖先となる群小のモード雑誌がいっせいに刊行され，フランスとイギリスではほとんど同時に，次いでいちはやくドイツ，オランダ，イタリアに出現している．パリで『ジュルナル・デュ・グー』("Journal du Gout", 1768年)が，そしてロンドンで『レディース・マガジン』("Ladies Magazine", 1770年)があらわれて以来，1790年まで15種の定期刊行誌がそれぞれの国で刊行され，革命時代にもその半数が出版され続けた．

　人形に着せて各宮廷に送られていたファッションドールに代わり，徐々にモード雑誌の重要性が増していくが，これらの雑誌は予約購読制で，19世紀を通じても長く続けられたものの，現代の大衆性とはほど遠いファッションメディアであった．

<水谷由美子>

　フランス革命が近づいてくると，この髪型に，その日のパンも手に入らない庶民から大変な批判が浴びせられた．この異常なほどの髪型は，当時の多くの風刺家の対象になっている（図7.7）．髪の上には果物，花籠，鳥籠，帆船などあらゆるものが装飾された．結髪には，髪結師の技術，時間さらにかなりの費用がかかったために，貴族の夫人でさえ2週間から1カ月は髪を洗えない状態で，虱（しらみ）を温存させることになった．それ故に，出かける際には貴婦人は頭かき棒を持参していたほどである．この異常な髪型もフランス革命とともに露と消えた．

7.4　革命思想と服飾

　フランスでは18世紀の旧体制の支配者達の腐敗した政治に対する不信感が増し，1789年7月14日にバスティーユ監獄の襲撃という事態となった．これがフランス革命であり，8月4日には国民議会が封建的特権を廃止し，ついで「人権宣言」を出して共和制が成立した．「人権宣言」による自由，平等の思想は，服飾においても実行され，身分による衣服の強制は撤廃されたのである．その後，ナポレオンが反乱を鎮圧し，エジプト遠征などの後に1799年にクーデターを断行して統領政府を築いた後，共和制を廃止して世襲の皇帝（第1帝政，1804～14年）となった．その勢力は1810年頃に最も大きなものになるが，1812年のモスクワ遠征で大敗，1814年3月にはパリが陥落してナポレオンはエルバ島に流

7.4 革命思想と服飾

された．ルイ 18 世が即位し王制が復活したが，ナポレオンは 1815 年 3 月に再び帝位についた．しかしワーテルローの戦いに破れ，セント・ヘレナ島に流され，そこで没した．

この時期の文化は 18 世紀後半の啓蒙思想による新しい観念の確立と，革命による新しい形の創造といえるのではないだろうか．フランス革命の素地は既に 18 世紀の社会にあり，それが服飾の面では革命調の服飾として流行したのである．革命後の衣服の簡素化は，既にイギリス趣味としてフランスにみられた装いである．しかし，革命という大きな流れの中で，服飾に対する考え方も大きく変わっていったといえよう．

図 7.8 革命派の人々
ジャケット，パンタロン，フリジア帽，革命調ローブ．

a. キュロットとパンタロン

フランス革命の合言葉に「サン・キュロット (sans-culotte)」がある．それは革命派の人々が貴族の象徴であるキュロットを攻撃し，労働者の衣服である長いズボン，すなわちパンタロン (pantalon) をはくことである．革命派と王党派は服装の上で対立し，革命派はパンタロンの上にはカルマニョル (carmagnole) という労働者の短い上着，革命の 3 色（青，赤，白）の徽章のついた丸型のフリジア帽，サボ（木靴），イギリスからもたらされたルダンゴットなどが外套として着られた．革命派の人々は数々の祭典にこれらの衣服を着て集まり，一致団結の印としたのである．とりわけ革命派の目印である赤いフリジア帽は，柱や木の先端につけられたりした（図 7.8）．

サン・キュロットや赤いフリジア帽については，『フランス革命下の一市民の日記』に，次のように記されている．

- 1791 年 8 月 19 日　パレ・ロワイヤルのカフェに，自由の帽子を先端につけた五月柱が立てられた．帽子は，このカフェから貴族を棒で打って追い出した勝利のしるしである．

- 1792 年 6 月 20 日　指導者の一人が国民徽章のついた自由の象徴である赤

い帽子を王（ルイ16世）にさし出し，民衆を喜ばせるためにこれをかぶって下さいと言って，笑いながら王の頭にかぶせた．
・1793年1月6日　市当局の命令により，今日の救世主御公現の祝日はサン・キュロットの記念日に改められた．
・1793年12月30日　（フランス軍の勝利を記念した式典の行列）最後の馬車，十五番目は，勝利の女神の馬車である．…赤い帽子をかぶったサン・キュロット100名がつきそっている．

このように，サン・キュロットと赤い帽子は革命の象徴として定着し，人々に特別な意識をもって受けとめられていたことがわかる．

また，革命派の女性の衣服として，パニエをつけないシンプルな形のローブをつけたり，白いシュミーズ風のローブを着けていた．これらは，18世紀末期に既に用いられていた薄地綿布の白いローブから派生したのである．このローブには，赤と青のサッシュベルトが加えられるなど，革命の3色が取り入れられた．この装いは一般の女性にもおおいに流行した．前出の『一市民の日記』には，1793年11月20日の儀式の折になされた行進に，「白のローブに三色のベルトをしめた多数の少女と婦人」と記されている．

また，衣服の強制について，『一市民の日記』は次のように述べている．
・1793年10月31日
法令—誰でも自分の好きな服装をすることができる．何人もこれを妨げることはできない．
赤い帽子—革命協会の婦人たちは，パリ中の女性に赤い帽子をかぶらせ，ウールの洋服を強制したがっていた．パリ中央市場の主婦(かみ)さん連はこの提案に反対，双方で深刻な議論がなされた．同29日，服装の自由について公会へ提訴．公会は，誰でも好きなように装う自由，そして他人への服装の強制を男女をとわずすべての人に禁止すること，を決議した．
これで好きな服が着られるし，誰も服装に文句をつけられなくなった．

このように，革命によってそれまでの階級表示的な衣服の強制はなくなったものの，逆に革命思想を示す衣服の強制という事態が生じていたことには興味がひかれる．しかし，改めて「服装の自由」が共通の理解のもとに成立したことは意味のあることであったといえよう．

7.4 革命思想と服飾

図 7.9 男性：フロック，ウエストコート，トラウザーズ，クラヴァット，女性：古代風ローブ

図 7.10 スペンサー（1798〜1802年）

図 7.11 ミリタリー調のコート

b. アンクロワイヤブルとメルベイユーズ

　革命後の混乱がやや治まった頃に，革命を風刺する若者のグループが登場した．彼らはミュスカダン（Muscadins）といわれ，王党派であることを黒ラシャのフロックやアビ，派手な色のヴェスト，絹のジャボやクラヴァット，キュロットに白い靴下といった装いで示していた．その後，このスタイルを継承したアンクロワイヤブル（Incroyables）という若者達が登場する．彼らはグロテスクなまでに衣服を誇張し，襟を高くし，折返しのラペルを大きくして派手なヴェストを着け，あごを覆うようなクラヴァットは，あたかも甲状腺腫を隠すかのように何回も巻かれ，キュロットの膝の部分は，がに股に見せるようにボタン留めにされた．髪は犬の耳に見えるように刈られ，二角帽を被って先の尖った靴をはく．

　一方女性の衣服は，革命調の簡素な白いローブを一層極端にしたものがみられる．このようなスタイルをしている女性達を，アンクロワイヤブルに対してメルベイユーズ（Merveilleuses）と呼んでいる（図7.9）．彼女達は，透けるような薄地の綿モスリン，ゴーズ，ペルカルなどの素材を用いて，ほとんど下着を着けずに大きな襟あきとハイウエストからまっすぐに下がるローブを着用した．これらのローブに用いられた薄地の布は，イギリスの産業革命によってもたらされたもので，これまでの豪華で色彩豊かなローブとは異なった新しい美の表現であった．そこには，古代ギリシアやローマの共和制を目指したフランス革命の思想が

7. 18 世紀

◆ モスリンの流行 ◆

　18世紀末から19世紀にかけてヨーロッパで大流行したシュミーズドレスの素材の代表的なものは，イギリスにおいて産業革命により他国に先駆けて生産が可能になった平織の薄地綿織物のモスリンであった．そして，この薄地のドレスの流行とともに冬には肺炎に罹(かか)る者が続出したため，肺炎はモスリン病とも称されたのである．

　その後，1820～30年代からは羊毛製のモスリン（英 worsted muslin, 仏 mousseline de laine）が生産されるようになった．日本では明治時代にこの薄地毛織物のモスリンが輸入され，型友禅の技法と結びつきモスリン友禅を生んだ．そして明治後期からは国内でも大量に生産されるようになり，女性や子供用の着物・長襦袢(じゅばん)・帯などの素材として広く普及した．したがって，ヨーロッパで流行したモスリンは綿織物であるが，日本におけるモスリンは毛織物であり，綿織物の場合は新モス・綿モスなどと呼ばれている． 　　　　　　　　　　＜先川直子＞

みられ，古代の美を表現しているとして古代風ローブともいわれている．また，後に下着のようなドレス，すなわちシュミーズドレスといういい方もなされている（図7.9）．

　このような薄いローブは，ヨーロッパの冬に耐えられるものではなかったので，多くの女性が肺炎で命を落としたと伝えられている．さらに，寒さを防ぐために大きなショールや外套が用いられた．とくにインドのカシミール地方産のカシミヤショールは珍重され流行したが，高価であったためやがてヨーロッパ各地で模造品が生産されるようになったほどであった．外套には男性と同様に防寒着としてルダンゴットがある．これは全身をおおう丈の長いコートで，濃い色の毛織物で仕立てられている．また，短いジャケットとしてスペンサー（spencer）が好まれ，ローブと対照的な濃い色でつくられ，前あきでウエストまでの丈の短い上着である（図7.10）．カヌズー（仏 canezou）はスペンサーと似ているが前あきではなく，頭から被る形である．

c. ナポレオンの宮廷と服飾

　ナポレオンは皇帝として君臨し，帝国の衣服を格式ばったものに変えていく．男性の衣服では，高い襟と折返しのラペルのついたフロックは，前胴が水平にカットされるようになる．細身のキュロットに絹の靴下がはかれ，ヴェストはフロ

7.4 革命思想と服飾

図 7.12 ジョセフィーヌ皇后

図 7.13 古代風ローブ，マムルーク袖

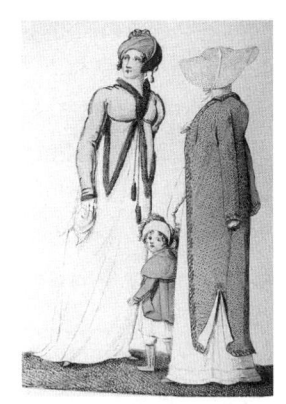

図 7.14 スペイン風の上着 (LaBelle Assemblée, 1808)

ックとは異なる派手な色合いである．やがてパンタロンもはかれるようになり，パンタロンの裾には紐がついて，靴の下を通すようになる．また，上部はサスペンダーで吊ってパンタロンがぴんと張られるようにした（図 7.11）．

コートには丈の長いものやケープのついたキャリックなどがある．やがてロシア風やポーランド風などの縁飾りや房のついた防寒用コートが用いられた．イギリスでは，丈の短いスペンサージャケットを，フロックの上に用いた．

女性のローブは宮廷服として格式をもった形に変わっていく．1804 年のナポ

◆ **スペンサー** ◆

　18 世紀末からの，モスリンに代表される薄くて白い綿織物のドレスは，その上に着用する上着やショールの流行を促した．スペンサーもその一例である．

　考案者（スペンサー伯爵）の名前をそのまま衣服の名称としたスペンサーは，18 世紀末のイギリスに出現した男性用の燕尾の部分を除去した上着であった．それが，女性服に採用されると様々な形や色のものが次々に登場し，朝の装い，散歩や外出用の便利な外衣として広く普及した．丈の短いスペンサーは冬用の上着を脱いだ後の春から秋にかけての時期に主に着られた．しだいに身体に密着した形になり，ドレスのウエストラインの上昇に伴いわずかに胸を覆うような極端に短い丈になって 1810 年代後半に全盛期を迎えた．しかし，その後，ドレスのウエストラインが正常な位置へと下がり出し，ドレスの素材も薄地の白い綿織物から厚地の色柄物へと流行が変化すると，徐々に衰退していった．　　＜先川直子＞

レオンの戴冠式でのジョゼフィーヌ皇后は最も正式な宮廷服を着ていた．それは長袖のついたブロケードのローブの左肩にマント・ド・クール（manteau de cour）を取り付けてトレーンをひいたものである．マント・ド・クールは赤いヴェルヴェットに金色でミツバチが刺繍され，アーミンの裏がついた豪華なものであり，新しい宮廷服として確立したのである．また，小さなパフスリーブのついたハイウエストのローブのウエストの位置にトレーンを付けた衣装もある．これらのローブは襟あきが広く，そこにコルレットという襞飾りがつけられている（図7.12）．

この女性の宮廷服は，しだいにヨーロッパ各地の王室に取り入れられ，とくにスペインとスウェーデンでは長い間このローブが用いられていた．

宮廷服とは別にジョゼフィーヌはイギリスからの輸入が禁止されていたにもかかわらず，綿モスリンの透けるようなローブを好んだ．さらに彼女は裸足にサンダルをはき，カシミヤショールをまとい，古代ギリシアの女神のような装いをして肖像画に描かれている．財産目録には，751枚のローブと51枚のカシミヤショールが記録されているという．

やがてローブに軍服のデザインが取り入れられるようになる．まず，前のボタンに肋骨風の飾りをつけるユサール風は，軽騎兵の軍服の飾りからきている．また，袖を何段か縛って膨らみをもたせたマムルク袖は，エジプト騎兵からのデザインである（図7.13）．さらに乗馬服として男性服のデザインをとり入れた上着とスカートがみられるようになった．

この傾向はイギリスでもみられ，とくに1805年にネルソン提督がトラファルガー沖でフランス・スペイン艦隊を撃破したときには，軍服調のデザインに加えて，スペイン風として上着や帽子，ショールの先端が三角形になったデザインがみられる（図7.14）．

女性の衣服にみられるこのような特徴は，ナポレオンが帝国の権威をしだいに重厚な絹織物に求めていったこととかかわりがある．すなわち，軍服に象徴される男性服のデザインは，女性のローブを定型化していくことになる．ハイウエストではあるがそこから下がるスカートは，もはや薄地で裾が長く翻るような形ではなく，裾に装飾がつき，ヴォリュームをもたせるようなデザインとなっていったのである．

8
19 世 紀

8.1 市民社会の成立

a. ブルジョワジーの台頭

　近代を特色づける出来事として，フランス革命と産業革命があげられる．フランス革命によりそれまでの身分制度が崩壊し，産業革命で形成された近代的な生産様式により富と勢力を得たブルジョワジーと呼ばれる新興富裕階級が台頭してきたのである．彼らは積極的に商工業活動を推進するとともに，政治や文化にも深くかかわり，ここに新しい市民による社会が誕生した．

　モードの上でも，前世紀より女性の服飾に強い影響力をもったフランスは19世紀の中頃まではナポレオン3世の妃ウージェニーがファッションリーダーとして君臨していたが，しだいに貴族階級にとって代わってブルジョワジーが流行を支配するようになる．

　一方，18世紀後半よりしだいにイギリス風の簡素な衣服の影響があらわれていた紳士服は，19世紀後半になるとブルジョワジー達にリードされながら一般市民の服飾が形を整え，現在の紳士服の基礎ができあがる．

　上流のブルジョワジーは高級モード店で注文をしてかつての貴族階級に匹敵するほどの贅沢な装いをし，中流の市民達も産業革命の成果である既製服を百貨店で購入し，質は異なるものの流行の服装をすることができるようになり，19世紀後半はモードの大衆化が進んだ．

　そして，当時頻繁に開催された万国博覧会や交通機関の発達などにより人々の交流が増えていく中で，ブルジョワジーによってリードされることになった服飾の流行はヨーロッパから世界中へと伝播していった．

◆ デパート ◆

　産業革命以降の織物産業の進展と 19 世紀前半の様々な科学技術の発展を背景に普及した既製服産業は，デパート（百貨店）という新しい流通形態の中でめざましい躍進を遂げた．パリに最初の百貨店「ボン・マルシェ」ができたのが 1852 年，続いて 1855 年に「ルーヴル」，1865 年に「プランタン」など現在まで続くデパートが 1850～60 年代に次々に創設され，それらはアメリカやヨーロッパ各地に広がっていった．上層ブルジョワジー達がオートクチュールで高級な婦人服をあつらえている一方，中小ブルジョワジーの女性はデパートで既製服を買って，品質は劣るもののクチュールのモードを取り入れることができるようになった．安価で，豊富な品揃えの中から自由に自分の好きな衣服を選択することができるデパートはしだいに大衆の間にも広がり，大量生産，大量消費のシステムを急速に推し進めていくことにもなった．

<大枝近子>

b. 技術の発展

　18 世紀織物工業から発展したイギリスの産業革命は，19 世紀になるとフランスをはじめとする西欧諸国やアメリカに広がり，産業，技術の革新が進み，服飾にも多大な影響を及ぼした．

　イギリスでは 1733 年の J. ケイの飛杼（とびひ）の発明を皮切りに紡織機が次々に改良され，18 世紀末にはこうした平織機に続いてフランスのジャカールによってジャカード織機が発明されて紋織物も登場し，織物工業が飛躍的に発展した．

　一方，19 世紀半ばにはイギリスでコールタールを原料としたアニリン染料の合成に成功し，合成染料の開発によりさまざまな色彩が織物を彩るようになる．

　こうした中で 19 世紀は服飾産業がめざましい発展を遂げる．最も服飾産業に影響を与えたものとしてミシンの発明があげられる．ミシンは 1830 年にフランスの仕立屋であるバルテルミー・ティモニエが 1 本糸の鎖縫いミシンを発明したことからはじまり，アメリカではウォルター・ハントがミシン針と 2 重縫いのミシンを開発し，次いで 2 本糸で縫合する現在のミシンの原型となるような機械がエリアス・ハウによって考案された．さらに，1851 年にはアメリカのアイザック M. シンガーが改良を重ねて足踏みミシンを売り出し，会社を設立してアメリカ本土だけではなくヨーロッパ諸国にまでミシンを行き渡らせた．

　このミシンの発明は，型紙の販売と衣服製作のための各種機器の改良とともに

19世紀後半の既製服産業のめざましい発展に貢献することになった．

8.2 男性の服飾

a. 男の美意識―ダンディズム

　男性の服飾は前世紀後半からイギリスの影響があらわれたものの，19世紀に入ってからもしばらくの間は18世紀フランスの華やかな宮廷服を受け継いでいた．しかし，ダンディズムの成立とともにしだいに簡素な服飾が主流になり，それらは現代の男性服飾にまで受け継がれている．

　ダンディの創始者とされるジョージ・ブランメル（1778-1840）は平民の出であったが，その非のうちどころのない端正な身だしなみと洗練された立居振舞いにより後のジョージ4世である摂政王太子の目にとまり，貴族社会に迎え入れられた．青年貴族達は彼の服装を些細なところまで模倣し，やがて彼は19世紀初期イギリスの社交界の中で流行を支配するまでになった．

　その服装とは計算し尽くされた端正さと完璧なフィッティング，そして控えめな装飾と地味な色に特徴がある．イギリスのテイラーの卓越した裁断と縫製の技術により可能となった衣服の身体への密着性は，衣服にしわひとつつくることがなかったといわれている．また，装飾の派手さや色彩の華やかさで人目を引くのではなく，優れた材質と色の調和，最高の仕立てこそが肝要であると考えたのである．そして，服装に細心の注意を払っていたが，それを外に見せるのではなく，何気ない振舞いが要求された．

　彼らの服装の基本は，コート（coat），ウエストコート（英 waist coat，仏 veste），ブリーチズ（英 breeches，仏 culottes）または，トラウザーズ（英 trousers，仏 pantalon），シャツ（英 shirt，仏 chemise），クラヴァット（仏 cravate，英 neckcloth），帽子，靴などであるが，この中でもダンディ達が最も注意を払ったのがクラヴァットである．糊づけされた広幅の帯状の布をシャツの襟のまわりに巻くという単純なものであるが，当時その結び方を図解入りで説明した本をみると様々な結び方があったことがうかがえる．ブランメルもクラヴァットには細心の注意を払い，気に入った結び方ができるまで何枚ものクラヴァットを費やしたという逸話が残っている．また彼の結び方は直ちに模倣されたといわれ，クラヴァットに対する当時の関心の高さがうかがえる．

8. 19 世紀

◆ トマス・カーライルとウィリアム・サッカレー ◆

　スコットランド出身のカーライル（1795-1881）は，ドイツの哲学と文学に傾倒し，その影響のもとに執筆を行った作家．『衣服哲学』（1833年）では，人間の経験を衣服に見立て，衣服を通して裸の現実をみなければならない，と述べている．第10章に，「しゃれ者の団体」として，ダンディに対する痛烈な批判を行なっている．「しゃれ者は服を着ている人間で，その職業，職務，生活が服を着ることにある人間である．…他の人が生きるために服を着るのに，彼は服を着るために生きているのである」（宇山直亮訳）．

　サッカレー（1811-63）はインドのカルカッタ生まれのイギリスの作家．上流階級の気取りとそれに憧れる中流階級を風刺した『イギリス俗物誌』（1846年～）は，『パンチ』誌に連載されて評判となった．その中で，「田舎俗物」の令嬢は「丸だしの背中」であり，「最近のモード通りである．近頃はクリノリンやその代用品が安く出まわっていて，田舎の若い娘もわずかな費用でファッションに遅れないですむのであろう」と述べられている．また，『虚栄の市』（1846年）には，1810年頃のダンディを気取るジョウゼフ・セドレの様子が描写されている．

　「彼は腰の格好をつけるために，その頃できたあらゆる腹帯やコルセットや腰帯を使ってみた．彼はいつも窮屈すぎるくらいにつくらせ，その上飛切り派手な色ものにして，うんと若向きに仕立てさせた」（三宅幾三郎訳）．　　＜佐々井　啓＞

　しかしながら，ダンディは単に服装の好みにとどまるものではなく，その精神性にこそダンディたるゆえんがあった．

　それはブランメルがロンドンを離れたのちも紳士服の流行を支配し，現代にまでその影響を残していることからもうかがえる．目に見える衣服の形や身だしなみの優雅さの中には強い意志や社会に立ち向かう情熱といった精神が秘められていたのである．

b.　紳士服の成立
1)　19世紀初頭～1820年

　それまでフランスの華やかな宮廷服が中心であった紳士服は，フランス革命による貴族社会の崩壊とイギリスの産業の進展により，その中心がイギリスへと移り，現代の紳士服の基礎が確立されていく．

19世紀前半の服装はダンディズムの影響から身体に緊密で地味な色彩のフロックとウエストコート，ブリーチズの組合せであった．

　折返し襟とラペルのついたフロックは前身頃は水平にカットされ，徐々に昼間の上着として定着してくる．ウエストコートの長さは短く，その裾は横に直線にカットしてあり，明るく華やかな色彩や柄が用いられていた．下半身は細身の半ズボンであるブリーチズも残っていたが，しだいに長い丈のトラウザーズが着用されるようになり，裾に平紐をつけて靴の底にかけるようにし

図8.1 フロック，ウエストコート，トラウザーズ（Uzanne, 1834）

たものもみられる（図8.1）．シャツはしだいに簡素化され，シャツのカラーとクラヴァットには細心の注意が払われた．両頬に届くほどの高い襟のまわりに巻くクラヴァットの結び方は様々に工夫され，襟に簡単に取り付けられるストック（stock）という襟飾りも用いられた．

　靴は短靴とともにブーツが流行し，帽子は円筒形のトップハット（top hat），さらに手袋，ステッキなどが用いられ，こうした付属品が身だしなみを整える重要な要素となった．

2） 1821～50年

　ブランメルが1819年債権者に追われてロンドンから逃げ出すと，ダンディを自認する人々の間で特異な服装が流行した．上着の肩に詰め物をし，コルセットによりウエストを締めつけて細くし，後方には細い燕尾が長く下がっている．シャツのカラーは限りなく高くなり，それに呼応して襟飾りもより高くなった．これは当時の芸術思潮であるロマン主義の影響であり，現実よりもむしろ夢や空想の世界に憧れるといった人々の意識の反映であると思われる．その証拠に1840年頃にはこうした誇張もウエストコートの派手な色彩もなくなる．

　やがてフロックは夜会用にも用いられるようになり，テールコート（tail coat 燕尾服）という名称が定着してくる．1840年頃の紳士服は黒の上着に白いウエストコート，裾が細めのトラウザーズが正式な服装になる．

> ◆ **オスカー・ワイルド**（1854-1900）◆
>
> 　19世紀末に活躍したイギリスの作家．イギリスにおける唯美主義運動の推進者であり，世紀末のダンディといわれている．彼は，ヴェルヴェットのジャケット，派手なネクタイ，ブリーチズに絹のストッキング，長髪で胸に飾り花（ボタンホール）というスタイルでセンセーションを引き起こしたのである．しかし，やがて当時の盛装であるイヴニングコートとトラウザーズの洗練された姿となり，彼の作品のダンディな人物にその姿をみることができる．たとえば『ドリアン・グレイの肖像』のヘンリー・ウォットン卿は，「ロマンティックなオリーヴ色の顔とやつれたような表情」，「低い，けだるい声には人を魅了する何か」がある魅力的な人物として描写され，『理想の夫』のゴーリング卿は「流行とは自分自身が身につけているもの」であり，「流行遅れとは他人が身につけているもの」であるという．
>
> 　また，女性のドレスについては，コルセットで身体を締めつけたり，大きなクリノリンやバッスルをつけることを否定している．ワイルドの考える理想のドレスは，ギリシア服のように肩から下がるドレスであり，それは美的ドレスと呼ばれるものであった．このような考えには女性の衣服の改良をめざす「合理服協会」の活動を積極的に支援したワイルドの一面を垣間見ることができる．
>
> 　　　　　　　　　　　　　　　　　　　　　　　　　　　　　＜佐々井　啓＞

　また，この時期，新しい上着として，フロックコート（英 frock coat，仏 redingote）が登場する．これは正装用の燕尾のついたフロックとは異なり，ウエストから下の部分にたっぷりしたフレアーの入った膝丈の上着で，昼の正装として用いられた．フロックコートは日本においても明治時代の鹿鳴館で着用され，それ以後も長く一般の衣服として用いられた（図8.2）．

　外套は丈の短いトップコート（top coat）や，丈が長く厚手の布でつくられるグレートコート（great coat）など様々な種類があった．当時の身だしなみの本にはモーニングコート，フロックコートといった上着に加えて，外套（over coat）も揃えなくてはならないものとして記されている．

　帽子はひき続きトップハットが用いられていたが，黒絹でつくられ艶出しされたものはシルクハット（silk hat）と呼ばれるようになった．

3）1850〜90年

　19世紀も後半になると今日の紳士服の基本形が確立した．夜会用の燕尾のつ

8.2 男性の服飾

図 8.2 フロックコート（左，右）とモーニングコート（中）(Petit Courrier des Dames, 1841)

図 8.3 ラウンジスーツ (Uzanne, 1861)

いたテールコートと昼間の礼装のフロックコートという二つの基本スタイルは定着し，黒が正式なものとなったテールコートには縞柄や格子縞のトラウザーズが組み合わされた．

また，略装としては現在の昼間用礼服に継承されているモーニングコート（morning coat）やラウンジスーツ（英 lounge suit，仏 veston，米 sack coat）があらわれた（図 8.2, 8.3）．さらに 1880 年代に入ると夜会用の略装としてディナージャケット（英 dinner jacket，仏 smoking，米 tuxedo）が用いられるようになる．ラウンジスーツとディナージャケットはどちらも裾の短い上着で，現在の背広の上着の原型ともいえるもので，それにウエストコート，トラウザーズが組み合わされた．そして，このような短い上着がウエストコートとトラウザーズと共布で仕立てられたものが，現在の三つ揃いへと発展していくことになる．

そのほか，狩猟やゴルフなどのスポーツ服としてノーフォークジャケット（norfolk jacket）が登場し，半ズボンのニッカーボッカーズ（knickerbockers）やトラウザーズと組み合わされ，帽子はハンティングハット（hanting hat）が用いられた．

シャツは 1860 年代には襟とカフスが堅く糊づけされ，取り外しできるようになる．クラヴァットにはしだいに小さく蝶結びする小型のネクタイが登場し，ま

> ◆ バルザック ◆
>
> 　オノレ・ド・バルザック（1799-1850）はフランスの作家．ブルジョワの家庭に生まれ，法律の勉強のかたわら公証人事務所などで実務をふんだのち，作家を志し何編かの長編小説を書くが成功せず，出版業や印刷業に手を出すが失敗．新たな決意で29年に書いた『ふくろう党』が出世作となり，以後20年間に膨大な作品を発表．1829年から1848年までの作品90余編をまとめて『人間喜劇』という総題をつけた．『人間喜劇』の序で「自分の諸作品を結び合わせ，おのおのの小説を一章，一時代として，完全な歴史の形に整えること」，「多くの歴史家によって書き忘れられた風俗の歴史を書くこと」を意図すると書いている．作品では，あらゆる職業，階層にわたる登場人物の生活や服装，態度の細かい描写とともに，社会の状態や事件など時代の現実的な世界を描いている．作品の特徴は現実社会の描写と，また2000人に及ぶ登場人物が複数の作品にたびたびあらわれ，人間像を多角度から知りうることである．
>
> 　『ウージェニーグランデ』，『ゴリオ爺さん』，『谷間の百合』，『従妹ベット』，『従兄ポンス』などよく知られた作品がある．
>
> 　『幻滅』（生島遼一訳）から一部を抜粋引用する．
> 　　田舎からパリに出てきた詩人のリュシアンは，パリの洒落者と同様な服装を整えようと，当代随一の服屋ストーブの店に出かけ，すばらしいルダンゴット，ジレ，パンタロンを注文し，肌着屋でシュミーズ（シャツ），ハンカチなど，身のまわりの一式を揃え，有名な靴屋で短靴や長靴の寸法をとらせた．ベルディエの店でしゃれたステッキを，イルランド夫人の店で手袋とシュミーズのボタンを買った．
> 　ここで取り上げられた店は，当時の実在の店といわれている．　　　　＜菅原珠子＞

たロンドン郊外のアスコット競馬場で用いられたのがはじめといわれている幅広のスカーフ状のアスコットタイ（ascot tie）が出てきたのもこの頃である．

　外套は1850年代にラグラン袖のラグラン型コート，1870～80年頃にはイギリスのチェスターフィールド伯爵が最初に着用したことに由来する膝丈のチェスターフィールド（chsterfield），北アイルランドのアルスター地方産のウールを用いたことに由来するウエストベルトつきのアルスター（ulster）など様々なものが登場した．また，ケープ付きオーバーコートであるインヴァネス（inverness）は，やがて袖のない身頃とケープのみの形となる．

帽子はトップハットが一般的な帽子として用いられ，その中でもとくに黒のトップハットはテールコートと合わせて礼装用になった．日常的には山高帽（英 bowler hat，米 derby hat）やかんかん帽（英 boater，仏 canotier）が用いられた．

このように19世紀後半の紳士服は一層簡素化，定型化の傾向をみせる．こうして形や色の細部の変化しかあらわれなくなった紳士服は，TPOに応じて衣服を着替えるといったことに注意が払われ，服装が生活を秩序づける一つの手段にもなった．

8.3 女性の服飾

a. ロマン主義時代のドレス

男性服飾が基本的な服装構成を確立し，その後大きな変化をみせなくなるのに対し，女性の服飾は次々に流行が変化する．

フランス革命後にあらわれた古代風ローブ（シュミーズドレス）は，1820年代になると高いウエストラインも下がり，スカートの裾がしだいに広がっていく．それに伴ってウエストの細さを強調するコルセットが再びあらわれた．広がったスカートには襞飾りやレース，リボンなど様々な装飾が施され，袖が特徴的な形をとる．ジゴ袖（仏 manche à gigot，英 leg of mutton）と呼ばれるもので，

図8.4 ジゴ袖のドレス（Ladies' Museum, 1830）

図8.5 カヌズー（右）（Petit Courrier des Dames, 1841）

図8.6 カシミアのショール（左）（Petit Courrier des Dames, 1842）

袖の上部が大きく膨らみ，手首に向かって細くなった羊の脚の形に似た袖である（図8.4）．ネックラインは下がり，胸元はデコルテされて理想とされたなで肩が強調された．丈は踝より少し短くなり，そこから靴下の模様をのぞかせた．

ローブの上にはフィッシュ（仏fichu）やカヌズー（仏canezou）などの肩掛けやケープ風のものが着用され，1830年代には18世紀にヨーロッパに紹介されたカシミヤのショールの着用も広がった（図8.5, 8.6）．このカシミヤのショールはもともとはインドのカシミール地方の山羊の胸毛でつくられる高級なもので，ナポレオン1世の妃ジョゼフィーヌが愛用したといわれていることからもわかるように，宮廷の女性達の必需品であった．それがこの時期一般の女性の間にも広がり，19世紀いっぱいたびたび流行することになる．

外套にはルダンゴットが様々に形を変えて引き続き用いられた．

髪型は頭頂部を真ん中で分けて平らになで付け，両サイドに縦長のカールした髪を垂らすのが流行した．一時頭上に髷を高く結い上げ，そこに羽飾りやリボンなど様々な装飾を施す髪型も流行したが，これらはすぐに廃れた．

帽子は引き続きボンネットも用いられ，ヘアスタイルの変化に合わせてその形を変えていった．また，広いつばのあるハットは麦わら帽が一般的であったが，絹や繻子（サテン）製もあり，華やかな色の造花やリボン，羽根などで飾られた．

このような女性らしい繊細な服飾が流行した背景にあるロマン主義とは，古典主義に対する反動として18世紀末からヨーロッパを中心に台頭してきた芸術上の思潮である．現実的なものから離れた夢や空想の世界への憧れ，歴史的なものへの感傷，異国趣味が特徴としてあげられる．こうした中で女性は色白で愁いを帯びた表情をし，男性の保護を必要とするか弱く従順な存在であることが理想とされた．そのため女性を苦しめるコルセットの復活も問題にされず，女性らしさを強調するスタイルのドレスが支持されることになる．

そして，このロマンチックな精神をあらわした詩人のバイロンやシェリー，小説家のウォルター・スコットなどがもてはやされ，衣服を人間の感性や思想の表現手段として捉えるという彼らの考え方は風俗にも大きな影響を及ぼした．

b．クリノリンの流行

1840年代になるとドレスの腰の膨らみが目立ち始め，ペチコートを何枚も重

図8.7 段飾りの付いたクリノリンのドレス（Petit Courrier des Dames, 1858）

図8.8 スカートが最大に広がった頃のクリノリンのドレス（Petit Courrier des Dames, 1858）

ねて丸みのあるシルエットになる．その形を強調するために下スカートには硬い張りのあるものを何枚も重ねて着用し，スカート丈も長くなったため，女性の活動を制限するまでになった．

そこで，その重量から女性を解放するため1850年代に入るとクリノリン（仏crinoline）と呼ばれるペチコートが登場した．クリノリンという言葉はもともと馬の尻尾の毛（仏crin）を織り込んで張りをもたせた布のことを意味し，実際1840年代初頭はこの布を使用したペチコートのことを指したが，やがて針金や鯨のひげなどを輪状につないでつくられたものが主流となると，それもクリノリンと呼ぶようになり，さらにそのスタイルまでをも指すようになった．当時の科学技術の進歩により実現したこの軽いクリノリンの出現により，女性は大きなフープの中で自由にからだを動かせるようになった．

スカートの広がりは最初はベル型であり，そのスカートの上には何段にも重なる段飾りが施され，これに合わせて袖にも段飾りが付けられた（図8.7）．やがて輪骨入りクリノリンが考案されると，1850年代後半にはスカートはドーム型に最大となる（図8.8）．1860年代に入ると前面が平たくなり，膨らみは後方に移り，引き裾となる．こうして広げられたスカートの表面には襞飾りや房飾り，リボン，レース，刺繡など様々な装飾が施されたが，これはミシンの発明や織機の改良，染色の発達など当時の科学技術に支えられていたことはいうまでもな

8. 19 世 紀

(a) クリノリンを着装しているため乗車拒否される女性
(1858年10月2日号)

(b) クリノリンを着装して掃除をするハウスメイド（1864年3月26日号）

図 8.9　クリノリンの風刺（『パンチ』誌より）

◆ フローベール ◆

　ギュスターブ・フローベール（1821-80）はフランスの作家．15歳頃から小説や戯曲を書き始め，ロマン主義文学の影響を受けていたが，細かい描写による客観的な作品である．「彼の作品は物語性を超えた人間の行動や感情の描写によって，単なる写実主義以上のものを表そうとしている」という評がある．主な作品に『ボヴァリイ夫人』（1856年），『サランボー』（1862年），『感情教育』（1869年）などがある．『ボヴァリイ夫人』の一部を生島遼一訳から紹介する．
　シャルル・ボヴァリイとエマ・ルオーの結婚式に集まる村の人々の服装は次のように書かれている．
　　ボネット帽をかぶった女達は町で流行の服をき，金時計の鎖を見せびらかし，短外套（ペルリーヌ）のはしを帯にはさみ，または色の小さい肩掛け（フィッシュ）を背中でピンでとめ，くび筋を出していた．わんぱく小僧達はおやじと同じ着物，新調服できゅうくつそうだ．(中略) 男達はそれぞれ身分に応じるというふうに，燕尾服（アビ），フロック（ルダンゴット）長上着（ベスト），式服まがいの短上着（アビベスト）といういでたち．
　この作品は，「ただの女の一生的な小説ではなく，エマの苦しみのうちに最も深刻な精神的体験を転置して，人生の極限的な不幸の一つを浮き彫りにした」と生島氏は述べている．

＜菅原珠子＞

い．衣服に用いられる布地は急激に増加し，華やかな色彩の装飾がふんだんに施された衣服が低価格で市場に出回り，流行に拍車をかけることになる．

この時期のファッションリーダーはナポレオン3世の妃ウージェニーであり，エリゼ宮がヨーロッパのモードの中心になり，皇后はお抱えのデザイナーとしてシャルル・フレデリック・ウォルトを任用した．クリノリンを華麗に装う皇后の姿がウインター・ハルターの絵に残されている．

このクリノリンを用いたスカートは，その大きさ，不自由さゆえに風刺雑誌『パンチ』誌により何度も取り上げられたが，そこには上流階級の女性のみならず，使用人といった下層階級にまで広がった流行であった様子が描かれている（図8.9）．

外出にはショールが好まれ，クリノリンを覆うような大きなものが流行した．素材はカシミヤのほか，ウール，絹，レースなども使用され，襟を付けるなど形に変化をつけたものもみられた．

髪型は様々であったが，ストレートな髪を真ん中で分け，後ろに髷を結い，その上にボンネットを被っている姿が多く見受けられる．ボンネットの生地も多様であり，レースで縁取りをしたり，リボンや花飾りが施されている．全体的に頭は小さくまとめ，大きく開いたスカートとの調和を図っている．

c. バッスルスタイル

1860年代末になると大きく膨らんだクリノリンのスカートは徐々にその膨らみが後ろ腰へと移り，このシルエットを維持するためにバッスル（英bustle，仏tournure）が登場した．バッスルとは腰当て，枠組みを意味し，17世紀末以来たびたび用いられていたが，バッスルと名づけられたのは19世紀のことで，クリノリン同様スタイルの名前にまでなった．

バッスルは糊づけした麻や馬の毛を織り込んだ生地に襞を寄せたものや詰め物をしたもの，金属製の枠やかご状のものなどその形も素材も様々なものが考案された．

着装方法にも工夫がなされ，バッスルの上に着装するドレスはその後ろ腰にボリュームをもたせるために，18世紀後半のポロネーズの再来を思わせるような2枚はいたスカートの上のスカートを後ろにたくし上げたり，後ろ腰にフリルやギャザー，リボン飾り，襞飾りなどの装飾が施されたりした（図8.10，8.11）．

8. 19 世 紀

図 8.10 上のスカートをたくし上げているバッスルスタイルのドレス（Les Modes de Paris, 1868）

図 8.11 後ろに飾りがあり裾を引くバッスルスタイルのドレス（La Mode Illustrée, 1877）

図 8.12 後ろ腰の膨みが最大になった頃のバッスルスタイルのドレス（Jaurnal des Demoiselles, 1883）

　舞踏会の衣装はほとんどの場合引き裾がつき，そこにも過剰なほどの装飾が付けられていた．

　日本においても明治時代の鹿鳴館での女性の洋装にバッスルスタイルがみられ，男性のフロックコートとともに当時のフランスの最新流行のドレスを採用していたことがうかがえる．

　1870年代中期になると腰の後ろに束になっていた膨らみは消えたが，スカートの後ろの装飾はますます増加し，普段着にも引き裾が付くようになる．これにより女性の活動は制限されることになり，『パンチ』誌のうってつけの材料となった．また，それまでのウエストに切替えのあるドレスのほかに身頃とスカートが一続きのワンピース型のプリンセスラインのドレスも登場してきた．テーラードスーツ（tailored suit）が着られ始めたのもこの頃で，これは女性の社会進出やスポーツの普及と関連づけられる．

　1880年代になると腰の膨らみは最大に達するとともにそのシルエットが変化し，スーラの「グランド・ジャット島の日曜日の午後」にみられるようにスカートは腰の膨らみから真っすぐ下に下がる形になっていく（図8.12）．この絵画からは庶民の間にもこのスタイルが浸透していたこと，また当時パラソルが女性の必需品となり，おしゃれのポイントになっていたことがわかる．

この頃流行のヘアスタイルは髪をカールして大きな髷に結い上げるもので，その上に縁なしのトーク帽か小さなハットを載せて被った．帽子にも花飾りやリボン飾りをあしらっている．

d. オートクチュールの誕生

ナポレオン3世の妃となったウージェニー皇后のお抱えのクチュリエとして活躍したシャルル・フレデリック・ウォルト（1825-95）はオートクチュールの創始者として知られている．

彼はイギリスのリンカシャーに生まれ，小さい頃から絵に卓越した才能をもち，足繁く「ナショナル・ギャラリー」に通って肖像画の貴婦人が身に着けている衣服の美しさを模写したり，フランスのモード雑誌を見たりしてパリへの憧れを募らせていたという．

1845年ついにパリに渡り，ドレス材料の卸売商「ガジュラン」で働くことになるが，そこで店の宣伝や売り方に工夫を重ね，売上を伸ばすとともにドレス製作部門を発足させた．1851年の第1回ロンドン万国博覧会で作品を発表し金賞

◆ **モード雑誌** ◆

本格的な服飾雑誌があらわれたのは18世紀後半であり，まずロンドンで『ザ・レディース・マガジン』（1770～87年）が刊行され，続いてパリでは『ラ・ギャラリー・デ・モード・エ・コスチューム・フランセ』（1778～88年），『ジュルナール・デ・ダム・エ・デ・モード』（1797～1839年）などの銅版手彩の美しい雑誌が刊行された．1830年代になると印刷技術の進歩により次々にモード雑誌が創刊され，上流のブルジョワジーの女性を対象にした豪華な装丁の『プチ・クーリエ・デ・モード』（1822～65年）や『ラ・モード・イリュストレ』（1860～1940年）などが刊行される一方，中流女性や一般の女性向けに服の作り方や型紙まで付いた雑誌も出てきて人気を博すようになる．当時のモード雑誌はファッション・プレートという美しい一枚仕立ての服飾図版が挿入されていた．芝居や文芸，音楽，最近の出来事といった多様な話題の中で，ファッション・プレートは服飾の流行を伝える役目を担い，階級を超えて女性達はパリの最新の流行や衣服の知識をいつでもどこにいても手に入れることができるようになったのである．モード雑誌によりモードの大衆化，国際化に一層拍車がかけられることになった．

<大枝近子>

8. 19 世 紀

図 8.13 ウォルトがデザインしたといわれている舞踏会用ドレス
(See, 1865)

に輝き，さらにパリで開かれた第2回万国博覧会では宮廷用のドレスを自分の名前で製作して最優秀賞を得た．

1857年夢がかなってリュ・ド・ラ・ぺに自分の店を開き，ガジュラン店で感触をつかんだ様々な新しい試みを行った．

中でも彼は季節ごとに展示会を開き，自分のデザインした服（型見本）を生きたマヌカンに着せて披露し，注文を取るという方式を最初に実践した．それまで

◆ **美的ドレス** ◆

オスカー・ワイルドなどの唯美主義者たちが提唱した女性のドレスで，クリノリンやバッスルを用いない，ハイウエストで肩からゆったりと下がる形で，襟あきが大きく，上腕部に小さなパフスリーブが付いた長袖が多い．ワイルドは『婦人服』において，「古代服の考古趣味的な復活を提唱しているのではなく，ただ正しい衣服の法則，考古学ではなく芸術に，流行ではなく科学に指示された法則を指摘しようとしているだけである」と述べている．このドレスは『パンチ』誌でたびたび風刺されているが，ワイルドは結婚式において妻となるコンスタンスのウェディングドレスに用いている．さらにリバティ商会では，この形のドレスを「リバティ・アート・コスチューム」と称して，数年間デザインの変更をせずに販売していた．

<佐々井 啓>

もクチュリエは存在したが，彼らは顧客の注文に合わせてデザインし顧客の望む服を製作していたのに対し，ウォルトはあらかじめデザインした服をマヌカンに着せて顧客の前を歩かせ，注文をとるという方式を初めて採用したのである．

季節ごとの展示会はモードに変化を与え，フランスのモード関連産業を活性化する役目を果たす．また型見本の採用によってクチュリエは顧客よりも優位に立つことができ，シーズンごとのモードに大きな影響を与えることができる，と考えたのである．彼が商品の値段を常に高価格に設定していたのも同じ理由によるものである．

こうしたいわばクチュリエと顧客との関係を逆転するような考え方は大変近代的なことであり，当時の美術工芸運動などのデザインに対する考え方に呼応するものであると思われる．

成功とともに従業員の数も増え，同じ建物の中にサロン，アトリエ，仮縫い室，繊維倉庫などを整備していった．彼のアトリエの仕事は基本的にはフランスの伝統的な手工芸が中心であったにもかかわらず，当時としては考えられないような規模であったといわれ，しだいに展示会の作品数も増え，それらをサロンという独特な空間の中で披露するようになったのである．

やがてウォルト店の繁栄はウージェニー皇后のお抱えのクチュリエになることで頂点をきわめ，ヨーロッパ中の王室や上流階級の婦人を顧客とすることになった（図8.13）．

ウォルトが創始したオートクチュールはその後もジャック・デューセ（1853-1929），ジャンヌ・ランヴァン（1867-1946），ジャンヌ・パキャン（1869-1936），レドファン（生没年不明）など様々なデザイナーに受け継がれ20世紀に至っている．

e. ウエディングドレスの変遷

純白のドレスにヴェールと相場が決まっているウエディングドレスだが，この衣装が一般的になったのはそれほど昔ではない．19世紀，とくにヴィクトリア朝期（1837〜1901年）と呼ばれる時期のイギリスで大きな変化を遂げ，現代のウエディングドレスの原型がつくられたのである．そしてこの変化に大きく貢献したのは，中産階級と呼ばれる人々だった．

転機となったのは，1840年に行われたヴィクトリア女王とアルバート公の結

図8.14 19世紀後半のウエディングドレス

婚式である．弱冠21歳，女王の座についてわずか3年の初々しいヴィクトリアがウエディングドレスとして選んだのは，白サテンのドレスと，ホニトンレースと呼ばれるイギリス製の手織りレースのヴェールだった．実は，このファッションは当時上流階級の間で既に流行していたものだが，大衆の目には新鮮に映ったようである．なぜなら，それまでの王室の花嫁達は銀糸刺繍を施した重々しいドレスに，ヴェルベットのマントという威風堂々としたいで立ちで結婚式に臨んだからである．一方，ヴィクトリアの白いドレスは彼女の若々しさと新妻としてのしおらしさを引き立てた．新聞，雑誌は連日連夜，彼女のドレスを報道し，その後10年以上もの間，女王の白いドレスとヴェールは「イギリスの花嫁衣装」としてファッション誌を賑わすことになったのである．

再三マスコミに取り沙汰されたために，白いドレスやヴェールに憧れる花嫁が増えていった．だが，一握りの上流階級と異なり，1860年代頃までのイギリスでは中産階級といえどもそこそこの経済力しかもちあわせていなかったのである．白いドレスに対する憧れは強かったが，実際には，結婚後も「晴れ着」として有効利用できる色もののドレスが選ばれることが多かった．また，価値（そして値段も）としては大粒のダイヤモンドに匹敵する手織りレースのヴェールも，ほとんどの花嫁には高嶺の花だった．加えて，ウエディングドレスは父親と夫，両方の社会的地位と財産に応じて選ぶべきだという社会一般の了解があったから，身分不相応な高価なドレスを望むことは社会が許さなかったし，女性は男性に対して従順であるべきだという理想のために，我を通すこともできなかったのである．これは逆にいえば，女王のような白いドレスと手織りレースのヴェールをまとうことは，ごく一部の恵まれた花嫁だけに許された特権ということになる．

ステイタスシンボルとしての白いドレスとヴェール．これが1860年代終り頃までのウエディングドレス像である．しかし，白いドレスとヴェールの象徴性は

8.3 女性の服飾

◆ ヴィクトリア女王 ◆

ヴィクトリア女王はハノーヴァー朝第3代国王ジョージ3世の4男，ケント公エドワードを父とし，ドイツのザクセン・コーブルク公の娘を母として1819年に生まれた．1837年，わずか18歳で王位に就いた彼女は，ヴィクトリア女王となる．この年から崩御する1901年までをヴィクトリア朝期と呼ぶ．

在位中に女王がファッションに与えた影響は多大で，現代に至るまで引き継がれたものもある．その一つとして，白いドレスとレースのヴェールをウエディングファッションとしてイギリス中に広めたことがあげられる．また，公式行事の際は，女王は積極的にイギリス製品をまとい，国内産業の保護と活性化に努めた．1861年，最愛の夫アルバート公が亡くなると，女王は深く悲しみ，その後一生涯喪服を着て過ごすが，そのために仰々しい葬式や喪服の人気は衰えることがなかったという．

<坂井妙子>

これだけにとどまらない．当時，とくに中産階級の男性達は花嫁が処女であることにこだわっていた．理想的な女性は「家庭の天使」と呼ばれたが，この言葉が端的に示すように，女性は心身ともに清らかな天使のようであるべきだと考えられていたのである．このような女性像の歪曲化，処女性の熱狂的な信仰はウエディングドレスにも投影された．当時のエチケットブック（冠婚葬祭のマナー本）は，再婚する花嫁や処女ではない花嫁は，どんなに社会的地位が高くても，白いドレスやヴェールをまとってはならないと断言している．また，若い女性向きに出版されたセンチメンタルな詩では，花嫁は必ずといってよいほど白いドレスを着ており，処女の恥じらいをヴェールの下に隠していた．

したがって，白いドレスとヴェールは二重の意味で特権的な衣装だったのである．ステイタスシンボルであると同時に，処女の象徴．この特権性ゆえに，なおさら花嫁達の欲望を掻き立てたのである．

花嫁達の望みが叶えられるようになったのは，1870年代も半ばを過ぎたヴィクトリア朝後期に入ってからである．この時期，経済史では「大不況期」に入るが，ほとんどの中産階級は工業化の恩恵に浴し，ますます財力を蓄えた．経済力が増すと，人々は華美に対して寛容になる．ウエディングドレスを選ぶ際にも，以前は重要だった地位と財産のバランスが崩れ始める．さらに，女性像も変化し始めた．自分の意見をもち，ある程度精神的に自立した女性が好ましいと考えられるようになったのである．もはや花嫁達は，自分を所有する男性の地位と財産

に応じて選ばれたドレスをいやいや着る必要はなくなったのだ．代わりに彼女達の多くが選んだのは，ヴィクトリア女王の結婚式以来人気があった白いドレスとヴェールだった．

こうして19世紀末までには，クリームがかった白か，まっ白だけが花嫁にふさわしい色と考えられるようになったのである．かつて一部の社会的地位の高い花嫁の特権であり，処女の象徴だった白いドレスとヴェールは，中産階級の花嫁のユニフォームに，ひいては花嫁をあらわすシンボルへと昇華した．

8.4 服飾の多様化

a. 子供服の成立

子供服は18世紀後半になり，ようやく子供服としての特質を備えた衣服があらわれ，現在のような機能的で着心地のよい子供服の基礎ができたのは19世紀末になってからである．

13世紀頃までは，子供達はスワドリング（swaddling）と呼ばれる包帯状のおくるみをはずされるとすぐに自分の所属する身分の大人達と同じ服装をさせられていたが，17世紀になると6〜7歳までの幼児は男女ともに身体を締め付けないテュニック風のガウンを着るようになる．これは，子供の服装が子供の養育と並んで人々の間で徐々に問題にされるようになってきたことを示しており，実際

図8.15 子供服（Journal des Dames, 1849）

8.4 服飾の多様化

に見識者の中には幼児はもとより年齢の高い少年や少女達の服装に関して，もっと自由に身動きできるものを着用することを勧める者もあらわれるようになった．

18世紀後半になると，ルソーの提唱した自然主義の考え方や市民社会の成立などの影響を受けて新しい子供観が芽生え，人々の間に子供をあるがままの姿でとらえ，理解し，養育していくことの必要性が認識され始める．

そして子供服への関心もこの頃から急速に高まり，とくにそれは子供の健康という観点からの見直しから始まった．ルソーはその著書『エミール』の中で，子供の身体を締め付けるものはすべて取り去り，衣服の中で身体は自由でなくてはならないと主張した．そして，幼児期が終わるとすぐに大人と同じ服装をさせられることにも異議を唱え，それは身体だけではなく，精神にまでも悪影響を与えると述べている．

また，このルソーの考え方に感銘を受けた医師達もスワドリングをはじめとするあらゆる身体上の拘束から子供達を自由にしてやりたいと望み，どんなものであれきつく縛ることや固定してしまうことは不自然なことであるとし，身体を露出したり，逆に過度に覆うことも病気になりやすいと警告した．

こうした考え方は人々に多大な影響を与え，少年のズボンや，少女の身体を締め付けないゆったりとしたワンピース型ドレスの流行をもたらした．18世紀末に古代風シュミーズドレスが大人の女性の間で流行した際，それと時を同じくし

◆ アリスのドレス ◆

「アリス」といえば，もちろん『不思議の国のアリス』（1865年）と『鏡の国のアリス』（1872年）の主人公である．現代の子供達にはディズニーアニメの「アリス」のほうがなじむかもしれないが，アニメ版を含め，アリス像の形成に大きく貢献したのは，初版に挿絵を入れたジョン・テニエル（1820-1914）である．彼が描いたアリスは，短いパフスリーブと小さな襟が付いたシンプルなボディス，ふんわりと裾が広がったスカートからなるドレスを着ている．裾には身長が伸びたときに下ろすようにタックが数段取ってある．アリスはまた，エプロンを着け，ストラップ付きのフラットシューズを履いている．実は，これらの服装は1860年代当時，ミドルクラスの少女の普段着だった．しかし，作品の長期にわたる人気と，このスタイルが演劇，映画などで模倣され続けたことで，「アリスのドレス」として定着したのである．

<坂井妙子>

8. 19 世紀

図 8.16 少女のドレスと水兵服
(La Mode Illustrée, 1877)

図 8.17 右：少女の直線的なドレス
(Journal des Demoiselles, 1883)

て幼児や少女達にも同じシルエットのドレスが着用されるようになったのである．大人のものに比べるとやや短い丈のシュミーズドレスの下にはレースやフリルの付いたパンタレット（仏 pantallette）をはいている様子がみられる．

しかしながら，大人の服装が次の流行に移ると，子供達の衣服もゆっくりと変化し，1800年代半ばには少女だけでなく，幼児も大人と同じクリノリンを着用するようになる．

少女の服は1830年代頃からウエストラインが正常の位置に下がり，スカートが広がり始め，再びきついコルセットで身体を締めつけるようになった．袖もジゴ袖やパフスリーブとなり，ドレスにはフリルや刺繍などが施された（図8.15）．

1860年代になると子供服がはじめてモード雑誌に掲載されるようになり，その中には少女が少年のようなスタイルのブラウスに，スカートを組み合わせて着ているものが見受けられるが，それはあくまでもスポーツのときに着用されたものであり，日常着ではなかった．また，1870年代には，プリンセスラインのドレスが少女にも着用されていた（図8.16右）．

しかし，やっと1880年頃から少女はもはや大人の服の小型化したものを着ることはなくなり，幅の広いベルトの付いた膝丈のプリーツスカートの直線的ドレスとなった．このドレスの流行は19世紀の終わりまで続いた（図8.17右）．

◆ グーツムーツとドイツ体育教育にみる子供服 ◆

　グーツムーツはドイツの教育活動家で「近代体育の祖父」,「近代体育の創設者」などと呼ばれている．1793 年に出版され，体育理論の古典的名著として知られる『青少年の体育』の中では，「青少年の衣服としては，靴，靴下，軽い材料で作られた，裏布をつけていない長ズボン，腰の少し下までくるシャツ，軽い短いチョッキ，この 5 種類で十分である」と述べている．また，時と場合に応じた衣服の選択の仕方や，流行を追うのではなく，発達段階に応じた衣服を用いることの重要性を指摘している．

　グーツムーツが 18 世紀のロックやルソーらと異なる点は，それが単に思想にとどまることなく，学校という教育の場で実践されていった点である．グーツムーツの服飾観は，体育によって抵抗なく子供達の間に受け入れられ，その子供を取り巻く大人にも影響を与え，さらにはドイツ以外の多くの国の人々にまで広まっていった．こうしたグーツムーツの活動は服装を通じて子供の身体教育と人権意識に進歩をもたらしたといえるのではないだろうか．　　　　　　<酒井さやか>

◆ ケート・グリナウェー ◆

　ケート・グリナウェー (1846-1901) は，19 世紀後半のイギリスで絶大な人気を誇った絵本のイラストレーターである．出世作『窓の下で』(1879 年) は，初版 2 万部を瞬く間に売りさばいたといわれている．グリナウェーは作品の中で，18 世紀末から 19 世紀初頭風のハイウエストのドレスやボネット，スケルトンスーツを描いたが，それらはファッション誌に「ケート・グリナウェー」子供服としてしばしば取り上げられた．また，ロンドンのリバティー商会は，グリナウェーのイラストからヒントを得てデザインした子供服を販売し，それらは評判になったといわれている．絵に描いた餅ならぬ，絵に描いた服が本物の子供服になったのだから，絵本といえどもその影響力は絶大である．　　　　　<坂井妙子>

　一方，少年は 5, 6 歳までは女児と同じ服装をしているが，それが過ぎるとトラウザーズをはくようになり，その上に膝丈のテュニックを着た．テュニックの襟もとからは下に着ているシャツの大きな襟をみせ，ウエストにはベルトを締める．12 歳になると短いジャケットとトラウザーズの組合せになり，少なくとも 10 代を終わる頃までには大人の男性と同じ服装をした．

　1860 年代になると丈の短い襟なしのジャケットとニッカボッカーズや半ズボ

ンの組合せも登場して多様化し，年齢の高い少年はウエストコートも身に付けるようになる．

また，ウインターハルターが描いた肖像画のアルバート王子も着ている水兵服がこの時期再び流行し，男女を問わず着用された（図8.16）．

以上のように19世紀後半になると少女の衣服は大人の女性のそれよりもいくぶん質素になり，少年は当時の簡略化された紳士服の小型化した衣服を身につけ，子供服はしだいに機能的になっていく．しかし，少年の上衣とズボン，少女のブラウスとスカートといった現在にも通じるシンプルで機能的な子供服の基礎ができ上がったのはやっと19世紀も終わりになってからである．

こうした子供服成立の要因については，18世紀末のルソーの自然主義的な思想，そして医師による警告をあげたが，そのほかにもドイツの教育活動家であるグーツムーツの服飾観の普及や，1881年にイギリスで発足した衣服を美的側面だけでなく，身体の健康の面からも考えることを訴えた「合理服協会」の運動，さらに絵本の挿絵画家であるケート・グリナウェーが描く少女達のかわいい膨らみの袖の付いたハイウエストの柔らかいドレスの影響も見逃すことはできない．

b. ブルーマー夫人の女性解放運動

19世紀中期，アメリカのアメリア・ジェンクス・ブルーマー夫人は，女性の地位の向上と男性と同等の権利の獲得をめざして運動を行っていた．その中で，この運動を推進する女性達は，まず女性の衣服の解放がその第一歩と考え，改良した衣服を考案して自ら着用したのである．それは，膝丈のスカートの下に踝を紐で締めたゆったりしたトラウザーズをはくものである．このスタイルは，1851年9月27日付けのイラストレイテッド・ロンドン・ニューズ紙に紹介され，「女性の読者が男性のような外観に衝撃を受けることなく，また，紳士が我々を同性と間違えることのないように」望んでいる，と説明されている（図8.18）．そして新しいドレスは腕の動きを妨げず，トラウザーズをはくことで夏には涼しく冬には暖かく，優雅さと礼儀にもかなっている，とある．このようなスタイルは一部の女性運動家に限られた装いであり，1851年7月から12月の半年間に，『パンチ』誌にブルーメリズムという呼称とともに多くの風刺記事が載ったのであった．

たとえば，いかめしい顔つきをしたブルーマースタイルの女性がブルーマーズ

図 8.18 ブルーマー夫人 (Illustrated London News, 1851)

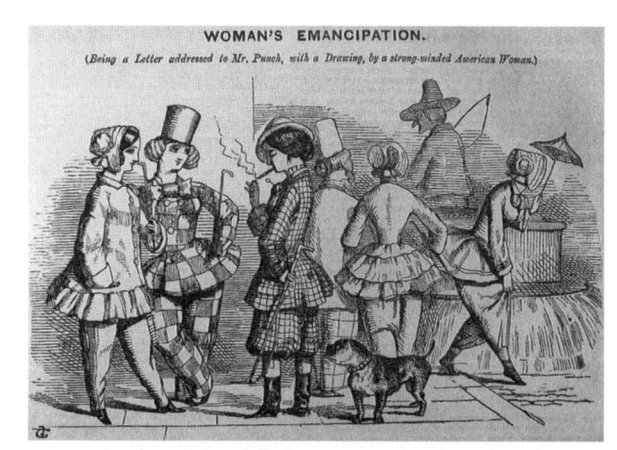

図 8.19 「女性の解放」(『パンチ』誌より, 1851年)

のほかにシャツ, ジャケット, ネクタイをつけて煙草をふかしている姿を, 通りを行く人々が眉をひそめて眺め, 悪童達がはやし立てている場面や, 「女性の解放」と題した同様のスタイルの女性達が描かれた場面がみられる (図8.19). また, 男女の地位の逆転として女性が男性にダンスや結婚を申し込むという風刺もみられる.

　これらは, 単に女性の権利の主張に対する男性側の反発というだけではない. 当時のクリノリンを着用した優雅なスタイルは, たとえ不自由で男性の愛玩物的な女性像であるといわれても, その美しいドレスを脱ぎ捨てることは不可能であったのではないだろうか. 服飾においては, 必ずしも実用性が第一ではなく, 様々な意識が働いていたのである.

　そして, ブルーマーズといわれるブリーチズやトラウザーズが用いられるようになるのは, 1860年代以降に女性の海水着や体操服といった新しい種類の衣服においてであった.

c. スポーツ服とテーラードスーツ

　19世紀後半よりイギリスの新興ブルジョワジーを中心に各種スポーツが流行し始める. スポーツは元来, 富と暇を持て余す王侯貴族の男性の遊びであった.

8. 19 世 紀

◆『パンチ』◆

　1841年に創刊され，1992年まで続いたイギリスの風刺雑誌．王室や政治家，上流階級などに対する批判とともに，労働者などの弱者にも目を向けている．辛辣な風刺は挿絵画家の優れた作品によって日の目を見るが，ジョン・リーチ（挿絵1841～64年）やデュ・モーリエ（同1060～96年），ジョン・テニエル（同1850～1901年）などは代表的な挿絵画家である．

　彼らの挿絵によって風刺された風俗のなかで，最もセンセーショナルなものはブルーメリズムであるといえよう．強烈な挿絵と文によって，ブルーマー夫人の運動は徹底的にやり込められたのである．それは，女性の社会進出や女性のスポーツについてもなされている．また，ワイルドをはじめとする唯美主義についてもさまざまな角度から取り上げられていて，当時の人々が唯美主義に向けていた目を感じずにはいられない．同じように，クリノリンやバッスルなどの女性のドレスの風刺も多く，誇張されているとはいえ服飾に対する意識や評価を探る上で貴重な資料であろう．　　　　　　　　　　　　　　　　　　　<佐々井　啓>

　19世紀になると力をつけてきた新興ブルジョワジーがスポーツを彼らの最大の娯楽とみなすようになり始める．19世紀社会は男性専制の時代ともいわれるほど男性の地位が高かった．女性は男性の従属物とみなされ，女性には男性に頼って生きていく「か弱さ」が必要とされた．したがって，女性が男性と対等にスポーツを楽しむことはほとんどありえなかった．

　しかし，新興ブルジョワジーの「家族中心主義」の精神により女性も内輪でのスポーツ参加が徐々に黙認され始める．そのスポーツの代表が，クロッケーとそれに続くローンテニスである．とくにローンテニスは，新興ブルジョワジーの家族ぐるみのスポーツとして楽しまれるようになる．当初のローンテニスは，「テニスパーティ」と呼ばれる若い男女のお見合いの場所としてもてはやされた．したがって，女性は最新流行のファッショナブルなデイドレスを装った．フリルとトレーンの付いた裾幅の狭いドレスに，飾りの付いた帽子を被り，流行のハイヒールをはいて，男性と一緒にテニスを楽しんだ．テニス専用の衣服はとくに必要とされておらず，テニスパーティはハイファッションを披露する絶好の機会と捉えられた．当時の指南書でも女性はけっしてボレーなど打ったりせず，優雅にプレイすることを勧めているのである．あくまでもレディとしてテニスを楽しむことが求められた．女性にとってファッションが一番大切で，プレイは付随的なも

のであった．ところが，競技としてのテニスのおもしろさに気づいた女性の中には，シンプルで比較的動きやすい服装でプレイする者もあらわれた．1884年には，全英ローンテニス選手権の女子シングルス参加が認められ，ゆっくりではあるがスポーツが女性に浸透しつつあった．1880年代，ローンテニスが新興ブルジョワジーの若い女性を中心に大流行する．その様子は，『パンチ』誌に何度となく描かれている．そこでは，ブラウスやスカートなどのシンプルな装いでテニスの試合をする若い女性達が，得点をめぐって男性である審判に詰

図 8.20 テーラードスーツを装いテニスラケットを持つ「新しい女性」(『パンチ』誌1890年10月18日号)

め寄る場面も登場する．か弱さが美徳とされた時代に，自己主張する女性があらわれ始めたのである．

　1880年代というと「新しい女性」と呼ばれる若い女性が出現しだした頃としても知られている．この新しい女性こそ，スポーツを愛好する女性の代表となる．1890年頃，新しい女性は，ローンテニス，そしてテーラードスーツと結びつけてイメージされるようになるのである（図8.20）．

　一方，19世紀後半の女性の服飾は，極端に細いウエストが流行した時代で，スポーツを楽しむ際にコルセットをはずすことはなかった．この頃，上流階級の女性の衣服は時間別，用途別に細分化され，モーニングドレス，デイドレス，ディナードレスをはじめ散歩服など1日に5，6回も着替えるようになっていた．スポーツのための専用の衣服はほとんどなかったが，乗馬服においては，男子服仕立てのテーラードなスカートスタイルのスーツが早くから取り入れられていた．乗馬はジェントルウーマンのみ参加が認められていたスポーツで，上流階級の淑女のステイタスシンボルでもあった．したがって，その乗馬の際の装いは，女性の憧れの的であった．その乗馬服によく似た衣服として登場したのが，「テーラードスーツ」である．1870年代後半，レドファンなどの高級衣裳店がスポーツ用スーツとして扱い始めたとされる．乗馬服を街着に改良したもので，スカートのシンプルさが特徴である．女性が活動しやすいように衣服に機能性が取り

図 8.21 テーラードスーツでサイクリングを楽しむ女性（『パンチ』誌 1895 年 10 月 5 日号）

入れられた．初期のテーラードスーツは名門のテーラーがつくった上流階級婦人達のための機能的な衣服であって，多くの女性には手の届く衣服ではなかったことはいうまでもない．

しかし，1890 年頃には量産化されたテーラードスーツが市場に出回り，特定の女性だけの衣服ではなくなる．乗馬服に似たエレガンスさを兼ね備えたスポーツ用のテーラードスーツとしてではなく，シンプルかつ実用的で着回しのきく経済的な衣服としてテーラードスーツが位置づけられてくる．

テーラードスーツは上流階級婦人のワードローブの衣服の一つとしてだけではなく，若い女性，いわゆる新しい女性のユニフォーム的存在となるのである．新しい女性は，スポーツをする際や仕事着として，男女同権のイメージにマッチした実用的なテーラードスーツを着用するようになる．

新しい女性の愛好するスポーツとして，ローンテニスの次に，1890 年代にはサイクリングが大流行する．若い男女に広がったサイクリング熱は相当なもので，男性や母親達から非難を浴びても，女性は自転車に乗ることをやめなかった．その際の装いは，進歩的な女性は「ブルーマースタイル」と呼ばれるズボン式の衣服を着たが，大抵の女性はシンプルなスカートスタイルであるテーラードスーツを選んだ（図 8.21）．彼女らは，自転車によって，自らの脚で自由に飛び回る解放感を味わい始めた．そして軽快に動くための装いが少しずつ受け入れられていったのである．

19世紀末，スポーツという新しい生活習慣は，女性のワードローブの中に，機能的，実用的な新しいタイプの衣服を加えることとなった．

d. リバティーとジャポニスム
1) ジャポニスム

19世紀中頃からヨーロッパ各地で開催された万国博覧会などがきっかけで日本の美術工芸品を目にする機会が増えると，ジャポニスム（日本趣味）と呼ばれる日本美術愛好の熱が起こり大きな流行となる．人々は浮世絵をはじめ日本製の漆器や陶器，染織品などをこぞって求めるようになり，その様子はゴッホやモネ，ルノワールなどが描いた当時の絵画に扇子や屏風，浮世絵などの日本の品がたびたび登場していることからもうかがい知ることができる．このような日本趣味は画家の間だけでなく当時の芸術家達の間にも広まり，演劇や文学にも浸透していくこととなる．また人々の生活の中にも室内装飾などとして日本の美術工芸品が取り入れられるが，さらに単に日本の品を熱心に集めるだけではなく，そこで西欧の人々が実際に日本の文化に触れたことによってジャポニスムはヨーロッパの芸術・服飾に大きな影響を与えていくこととなる．

2) 万国博覧会とリバティー商会

ジャポニスムのきっかけの一つに万国博覧会があげられる．まず，1862年ロンドンで行われた万国博覧会では初めて日本コーナーが設置され，日本の美術工芸品がヨーロッパの人々に紹介されることとなった．そこで日本の文化に直接ふれた人々はその虜となり，こぞってそれらを手に入れようとした．また，1867年のパリ万国博覧会では正式に江戸幕府が参加し，会場には日本茶屋がつくられた．そこで着物を着てお茶のサービスをする日本人女性が大変な人気を集めたといわれている．

そして日本の美術工芸品を手に入れようとする人々にそれらを提供したのが，リバティー商会をはじめとする日本製品を輸入・販売する店だった．現在もロンドンに店をかまえるリバティー百貨店は1875年にアーサー・リバティーによって設立されたが，リバティーが日本とかかわるきっかけとなったのも1862年の万国博覧会だったといえる．リバティーは万国博覧会に出展されていた日本の美術工芸品を買い取り，それらを販売する店の店長となった．そしてホイッスラーや当時の芸術家達と日本美術や工芸に対する知識を深めていったが，そこで得た

図 8.22 「KIMONO」(リバティーのカタログより)

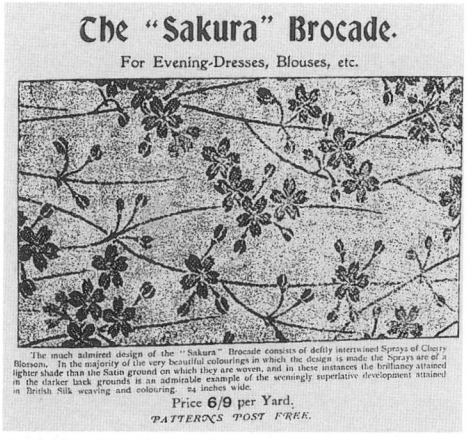

図 8.23 「SAKURA」(リバティーのカタログより)

知識や経験をもとに独立し,リバティー商会を設立した.そしてリバティー商会でも日本から漆器・陶磁器・扇子・屏風・袱紗・着物など様々な美術工芸品を輸入・販売し,その品は入荷と同時に売り切れるほどに人々から熱狂的に求められたといわれている.リバティー商会は多くの日本製品を広く販売することによって,限られた芸術家の間だけで愛好されていた日本の文化を人々の生活の中に浸透させ,ジャポニスムという大きな流行をつくったということができる.その様子はリバティー商会のカタログに様々な日本の品が掲載されていることからも読み取れ,絹製品や陶磁器,漆器などが人気を博していたことがわかる.また,日本の着物が「KIMONO」と掲載されており,着物がそのままの形で室内着として販売されていたのである(図8.22).さらにカタログには日本製のシルクのガウンやジャケットも掲載されている.これはリバティー商会が日本の職人にヨーロッパへ輸出することを目的としてつくらせていたもので,はじめから輸出を目的として生産されている製品があったこと,物珍しさや流行というだけで日本製品がもてはやされていたわけではなく,日本製のシルクや刺繍が技術的な面でも高く評価され人気があったといえよう.またリバティー商会オリジナルのデザイ

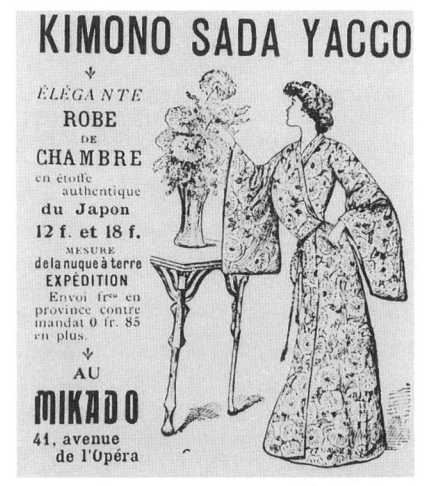

図 8.24　「キモノ・サダヤッコ」(Femina, 1903)

図 8.25　キモノ風マント (Journal des Dames et des Modes, 1914 年 1 月)

ンの絹織物の中には，桜をモチーフとし，「SAKURA」と名づけられたデザインも掲載されている（図 8.23）．このことから，リバティーにとってはジャポニスムは単に日本の美術工芸品を愛好するだけのものではなかったと考えられ，自らのデザインの中に日本風のモチーフを取り入れるなど，ヨーロッパのデザインに日本の芸術文化を取り入れようとし，それらを人々に提供することによってさらにジャポニスムを広めていったと考えられる．

3) KIMONO の導入

　ジャポニスムの背景には当時の重要な娯楽の一つである演劇の影響もあった．1885 年にはロンドンのサヴォイ劇場で日本をモチーフにしたオペラ『ミカド』が上演されたが，リバティー商会の布を使ってつくられた本格的な日本の衣装も話題となった．また，1900 年には川上貞奴がロンドン，パリで公演し大変な人気を博した．その様子は当時の女性雑誌にも取り上げられ，貞奴の美しさ，着物の美しさがそれまでのヨーロッパにはなかった美しさと捉えられ，人々の心を魅了していった様子がうかがわれる．貞奴にあやかり「キモノ・サダヤッコ」と名づけられた着物風の室内着も売り出された（図 8.24）．貞奴の登場によって改めて着物の美しさを再認識するわけだが，帯や襟の打合せ，そして平面的な構造・

直線的なシルエットといった着物の特徴はその後の服飾に大きな影響を与えることとなる．

そのジャポニスムをモードに取り入れた代表的デザイナーがポール・ポワレである．ポワレはまず，それまでのコルセットを用いた曲線的なデザインのドレスではなく，ハイウエストで直線的なシルエットのドレスを発表し，さらに着物のような打合せをもつドレスや，キモノ袖と呼ばれる身頃から続きの袖をもつドレスを発表した．モードの中でもジャポニスムは大きな流れとなり，キモノ袖・日本風のシルエットといったデザインが流行することとなる（図8.25）．ジャポニスムは服飾において，それまでの曲線的な構造をもつヨーロッパの服飾に直線的な構造を取り入れさせるきっかけとなったといえよう．

e. ミシンの発明とアメリカ既製服産業の成立

既製服産業が芽生える以前，19世紀初頭のアメリカではどのようにして衣服を入手していたのであろうか．当時の入手方法は，布地を購入して家庭裁縫をする方法，古着を購入する方法，家庭規模のテーラーによる注文仕立てを利用する方法，また裕福な家庭であればヨーロッパからの輸入品を購入するといった方法に限られていた．「縫うこと」はすなわち「針と糸を用いた手作業」であった．シャツ1枚縫うにも時間と労力とを必要とする19世紀初頭の状況は，生活水準の向上，縫製機械であるミシンの商品化，またそれに伴う衣服産業の発展によって急速に変わっていく．

1840年代のアメリカでは，鉄道網の発達とともに農地が拡大し，産業が活性化した．経済成長によって市民の生活水準が向上すると，古着ではない新品の衣服着用が少しずつ身近なものとなる．こうした人々の希望を背景に生まれたのがミシンである．1850年代になると，ミシンの改良と商品化が進んだ．シンガー社（I. M. Singer & Co.）は，現在の本縫ミシンの原形となるミシンの生産に成功し，グローバー＆ベイカー社（Glover & Baker Sewing Machine Co.）やウィラー＆ウィルソン社（Wheeler & Wilson Sewing Machine Co.）は2重環縫ミシンを商品化している．この頃，注文仕立てを中心としたテーラーやシャツメーカー，襟製造業，婦人用クローク製造業などが起業していった．ミシン製造業社による新聞広告やデモンストレーションなどの努力によって，こうした製造業へのミシンの導入が進んだ．もっとも，当時のミシンはまだ性能が安定しておらず高

8.4 服飾の多様化

> ◆メイルオーダーによる注文服◆
>
> 　アメリカはとくに通信販売がさかんな国で，被服に関連した商品も布地やパターンをはじめとして多数扱われているが，その中でもアメリカならではのものがメイルオーダーによる注文服である．これは無料カタログを取り寄せ自分の好きなデザインと布地を選び，自分の寸法を測って郵便で注文するとそれに従った服が仕立てられるというもので，当時刊行されていた婦人雑誌『ハーパース・バザー』には19世紀末から1910年代までほぼ毎月広告が掲載されていた．扱われている品目は主にコート，スーツ，スカートなどで，注文から1週間〜10日ほどで商品が届くようになっており，流行の服を自分で仕立てるより早く，また仕立て屋に頼むより安く確実に手に入れられることから普及していったことがうかがえる．これらはとくに "made-to-order" と呼ばれ，既製服産業の発展の途中において手づくりではない被服品の需要を伸ばすきっかけになったと考えられる.
>
> 　　　　　　　　　　　　　　　　　　　　　　　　　　　　　＜沖原　茜＞

価であったため，ミシンの役割はまだ部分的な縫製使用に限定されていた．襟やシャツ，夏用のズボンなど薄手で縫製しやすい衣類の製造にミシンが使われていた．

　ミシンの導入は，南北戦争（1861〜65年）によって一気に加速した．まず，軍服や軍用コートなどの既製服特需を契機にミシンの実用性が広く社会に認識され，ミシン縫製を導入した下請仕立て屋や従業員数10人程度の小規模な工場が急増した．南北戦争後には，膨大な帰還兵の着る既製服の需要をこれらの衣服製造業者が担っていくこととなる．古着ではない新品の衣服への関心が市民に広まるにつれ，零細なテーラーにまでミシンが導入されていった．

　1870年代後半になると，ミシンの縫製能力に支えられ，安物とされていた既製服に質的変化があらわれた．人々の生活にゆとりができ，ファッションへの関心が広く市民レベルにおいて高まっていったのがこの時期である．

　さて，1875年以降にみられる特徴的な社会変化の一つに，新聞や一般雑誌の発行部数の増加がある．なかでも，紳士服や婦人服の広告の増加，ファッションに関する記事の増加，また婦人用ファッション雑誌の刊行と販売部数の急増は，衣服に対する大きな意識変化を示すものとして重要である．すなわち，単なる古着の組合せではなく，新しい衣服スタイルへの関心がメディアを通して普及し，既製服への認識に明らかな変化があらわれたのである．

1880年から1890年についてみると，テーラーやドレスメーカーに加えて，靴下，帽子，手袋など紳士用服飾品を扱う製造業や，婦人用コルセット製造業などが次々と起業していった．工場方式を取り入れた従業員数200人以上の大規模な紳士服産業が出現し，その生産工程においてミシンが活躍した．紳士既製服産業だけでなく，婦人服産業やコルセット製造業などにおいてもミシンの積極的な活用が進んだ．工場の分業制と安価な労働力を背景に，衣服産業の需要に応えるミシンの改良が進んだ結果，衣服産業の生産高はこの時期に急増していく．

1890年からその後の既製服産業の発展には，イラスト入りの新聞広告やファ

◆『若草物語』◆

　L.M. オルコットの代表作『若草物語』（1868年初版）は南北戦争当時のアメリカの家庭を舞台とした4人の姉妹の物語であり，それはまさにオルコットの体験に基づかれた小説であるといわれる．彼女は教育思想家であった父ブロンソンが実践した幼児期の道徳教育に強く影響を受けており，著作にもそれが色濃く反映されていて，読者に向けていかなる理想的な女性へと成長していくべきかを示した．それはすなわち若い婦人の美とは健康な身体と優しい心，そして労働の行為などによる内面的な美であるという考えであった．『若草物語』の父親は娘達に「白い手や上流風のおけいこ事よりも，家庭を楽しいものにしてくれるような女らしいたしなみのほうがずっと大事だと思うのだよ」と教え，家事労働の技術の習得や人への思いやりの心の大切さを説いている．また大人の社会では衣服によって人を見定めようとすることがあるため，若い女性は贅沢な装いや過剰に飾り立てた表面的な美に心を奪われやすくなる．長女メグは上流家庭の生活にふれたときに自分の装いが「古ぼけて，ぐにゃりとし，みすぼらしく」見えるように感じ，パーティの晩に他人のドレスを借り着して「立派な令嬢」に仕立て上げてもらった．大変身したメグは人々にちやほやされるが，すぐに自分本来の個性を大切にするべきであったと気づく．流行のもの，贅沢なもので装うことよりも，自己を大切に，自分らしさの表現を工夫するべきだとオルコットは教えている．自身の姿を投影したといわれる三女ジョーがアメリカの教育家ウールソンの著作"Dress Reform"について語る場面が『第四若草物語』に登場する．この本は急進的なブルーメリズムとは異なる女らしさと美と実用性を大切にした衣服改良を説いたものである．オルコット文学は当時の女性がいかにあるべきか，その生き方を模索していたことをうかがわせる．

　　　　　　　　　　　　　　　　　　　　　　　　　＜山村明子＞

ッション雑誌など視覚的マスメディアによる消費購買意欲向上の影響が大きい．ニューヨークを中心に，都市を歩く人々の姿が清潔でファッショナブルな衣服へと変わり，ミシン縫製のしやすい服種の増加とデザインの多様化が進んだ．女性用シャツウエストとスカートの組合せやラッパーと呼ばれるワンピースのように，安価で購入しやすい工場生産型既製服が流行する一方，テーラーによる高級な衣服から様々な既製服まで，幅広い価格帯の衣服が出現している．図 8.26 は，当時の婦人服バーゲンの広告例であり，既に現代と変わらない既製服のデザインが確立されていることがわかる．ミシンの高性能化によって既製服に質的量的広がりが生まれ，ファッションや流行のグローバル化が進み，今日の豊かな衣生活へとつながっていくのである．

図 8.26 アメリカにおける 1895 年当時の既製服バーゲン広告の例（一部）
The New York Times, 1895 年 3 月 24 日．

9
20 世 紀

9.1 新しい造形思想とともに

a. アール・ヌーヴォーからアール・デコへ

　1880年代から第一次世界大戦の始まる1914年頃までのヨーロッパを風靡した芸術様式を「アール・ヌーヴォー（Art nouveau）」という名称で呼んでいる．アール・ヌーヴォーという名称は，1895年にパリに開店したサミュエル・ビングの美術店の名前に由来する．この時期は第一次世界大戦直前の緊張感をもちながらも比較的平和を保ち，自動車の開発とそれに伴う道路網の整備，鉄道や港湾の建設および改造，鉄鋼生産の増大という科学・技術が著しく発展した，産業革命の成功と海外進出という繁栄の時期である．その科学・技術の成果として相次いで万国博覧会が開催され，それらはヨーロッパの繁栄を物語ると同時に，芸術分野の拡大や美術界の国際化に重要な役割を果たした．絵画や彫刻という従来の芸術分野だけでなく，インテリアや家具，織物，ポスターや挿絵をはじめ，アクセサリーや食器など日常の身のまわりの品が，一般の人々にも装飾芸術として普及した（図9.1）．ヨーロッパやアメリカの各地で独自のスタイルで展開したこの様式の特徴は，動・植物や自然がもつ豊かな生命力や，日本やケルトなどヨーロッパにはなかった装飾性をデザインソースにして，鉄などの新しい素材のもつ伸張性と変形性を活用した流れる曲線の装飾性であり，生活全般を芸術の対象にすることに貢献した．

　1900年のパリはこの年に開催された万国博覧会が象徴するように，平和と産業の発展，日本趣味にみられるような芸術分野の拡大，モンマルトルの「ムーラン・ルージュ」（赤い風車）やフレンチカンカンに代表される，いわゆる「ベ

9.1 新しい造形思想とともに

図 9.1 ヴィクトール・オルタ『タッセル邸』ブリュッセル（1892〜93年）（Schmutzler, 1962）

図 9.2 ワルター・グロピウス，デッサウのバウハウスにおけるグロピウスの部屋（1926年）（ブリュナメエル，1987）

ル・エポック」（la belle epoque）の華やかさの中にあった．また，パリ万国博覧会は見える箇所に建築素材として鉄を使用したエッフェル塔や水晶宮というまったく新しい建物にみられるように，アール・ヌーヴォーの祭典であったともいえる．そして1851年のロンドン万国博覧会にシャルル・フレデリック・ウォルト（Charles Fredrick Worth）が初めて出品して以来，徐々に関心の高まっていたモード界においては，この万国博覧会にウォルトをはじめジャック・ドゥーセ（Jacques Doucet），ジャンヌ・パキャン（Jeanne Paquin）などの有名メゾンが創作の衣装を伝統的なろう人形に着せて展示し，パリ・モード界の存在を世界に誇示した．この時期の優れたクチュリエ達が，他の分野の芸術と相互に影響を与え合いながら創作を競い合い，全体的な名声を共有していた．また，ペティコートをみせて踊るフレンチカンカンは旧来の女性の道徳観とは別の，躍動感にあふれる新しい女性達の出現を示している．

　第一次世界大戦まで続いたアール・ヌーヴォー様式を受け，少しずつ変化した結果登場したのが，「アール・デコ（Art Deco）」様式である．このアール・デコ様式が一般化した時期は，第一次世界大戦の復興に対する活力と，1929年の世界恐慌から第二次世界大戦へと続く不安を内在している時期であるが，新しいものに敏感な若者世代はこの様式の新しさををいち早く見出していく．先のアー

図 9.3 S カーブラインのコルセット（1903 年）(Carter, 1977)

ル・ヌーヴォーが曲線を多用した装飾性をその特徴にし，手工業の世界にとどまっていたのに対して，アール・デコの特徴は直線的でシンメトリー，機能的な簡潔性であるといえよう（図 9.2）．建築，家具から服飾，アクセサリー，食器など日常生活品までに及ぶこの直線の美は，機械による大量生産を可能にするデザインでもあった．また，アメリカ文化の象徴であるチャールストンやジャズがヨーロッパに広まったのもこの時期である．

b. 改良されたコルセットと S カーブライン

　1890 年代になると，それまでのクリノリンやバッスルがつくり出す人工的で大げさなスタイルは縮小され，シルエットは簡素化の傾向に向かった．スカートからこれまでの異常な膨らみが消え，体にそって腰のラインをはっきりさせて，裾に向かってユリの花のように広がった．盛装だけでなく街着でも裾をひくようになり，外出時はスカートの一部をつまみ，裾からは何枚も重ねられたペティコートのレースやフリルをのぞかせて，腰を少しかがめて歩くようになった．そして，このようなスタイルをつくり出したのは，1895 年以来の新しいコルセットが大きな役割を果たしている．それまでのコルセットがバストを高く，胸部がカーブして，ウエストでは細く紐締めしていたのに対して，この新しいヒップ丈まであるコルセットは胸を解放し，前面に縫いつけられた金属製の縦の芯により腹部を押さえつけ，胸を前方に張り出し，ヒップを後方に突き出したスタイルをつくり出した（図 9.3）．このコルセットを着装した女性の横からのシルエットが，ちょうど身体を S の文字のように曲げた形に似ているところから，「S カーブライン」と呼ばれた．

　スカートが単純になるに従い，デザインのポイントは袖へと移っていった．バッスルの終わり頃には，ジゴ袖（manches à gigot）やパフスリーブ，バルーンスリーブが一時的に流行したが，1900 年頃になると腕のラインに素直に従った袖が主流となり，極端に大きい袖はみられなくなる．襟元は，一般的に日中の街着の場合は立襟で，耳元からつま先までドレスに覆われていたが，イブニングド

レスの場合は大きくデコルテされていて袖はなく，代わりに長い手袋がはめられた．

鳩胸のように胸をはり，腰を後に突き出し，突き出したヒップから裾までフレアーの入った花のようなスカートは後方にわずかにトレーンをひいている．襟は高く，身体の大半は覆い隠され，襟元や袖口その他あらゆる部分に施されたレースやフリルが動きとともに波うつ姿（図9.4）は，アール・ヌーヴォーが好んで用いる花のモチーフ，そして曲線のもつ伸びやかな装飾性という点で，アール・ヌーヴォーがつくり出した装飾芸術の数々と共通するものである．

入れ毛で膨らませて結い上げたり，羽根飾りをいっぱいつけて丹念に装飾した帽子をピンで留めた髪型が，全体のバランスを保っていた．本物の宝石を使い，植物や小さな昆虫をデザインしたアール・ヌーヴォー様式のペンダントやブローチ，髪飾りや扇などのアクセサリーや大きな帽子，レースやフリルで飾ったパラソルが当時の女性達の間で大流行した．

c. コルセットの追放とストレートなドレス

Sカーブラインのスタイルが全盛の時期にあって，服飾に大きな二つの変革があらわれた．1908年にポール・ポワレ（Paul Poiret）は発表した「ヘレニックドレス（Hellenic dress）」（図9.5）は新しい動きの一つである．このヘレニックドレスはドレスの支点がウエストから肩へ移動し，脚を拘束されない自由な身体，鯨骨入りのカラーの除去，前に下がるよりは横に広がったボートネックラインなど，女性の身体に対してとても優しいスタイルをつくり出した．ポワレはSカーブラインのドレスのような煩雑な装飾を取り除き，左右対称に近い形態，シンプルな直線構造，簡潔な表面という新しい要素を盛り込んだ新しいスタイルを目指していた．ポワレにとって女性服の理想は，ギリシア彫刻が身につけているようなドレスの自然な容姿の美しさにあり，これまでのようにウエストで断ち切られるドレスは否定されたのである．コルセットから解放された女性の身体をポワレは胸を柔らかく支えるスティアンゴルジュ（soutien gorge，現在のブラジャーのこと）とゴムのようなガードルで包んだ．

1906年にセルゲイ・ディアギレフ（Serge de Diaghilev）が紹介したロシア美術や1909年からのロシアバレエ団のパリ公演の舞台装置や衣装におけるデザインや色彩は，淡いパステルカラーの世界にあった女性の服飾に少なからぬ影響を

図 9.4 パキャンのデザインによるアフタヌーンドレス（1901年）(Marly, 1980)

図 9.5 ポール・ポワレ『ヘレニックドレス』（1908年）(Iribe, 1908)

図 9.6 ウォーキングドレス（1900年頃）（バース服飾美術館蔵）

与えた．

　コルセットのないヘレニックドレス，短い髪を細いリボンやヘアーバンドで小さくまとめた髪型，踵のほとんどないフラットな靴は活動的なスタイルへと変わっていくきっかけとなった．

　もう一つの服飾の新しい動きはギブソンガール（Gibson girl）のスタイルである（図9.6）．このスタイルはアメリカ人グラフィックデザイナー，チャールズ・ダナ・ギブソン（Charles Dana Gibson）が1890〜1910年に描き人気を博したもので，髪をシニヨンに小さくまとめ，かんかん帽に似たつばのある小さな帽子を被り，糊のきいたスタンドカラーのブラウスにネクタイを締め，その上に上着と足元まであるスカートをはく．ブラウスの袖はジゴ袖だが，1895年頃に比べると袖の膨らみは柔らかになっていった．当時まだ一般的だったSカーブラインと比べると驚くほどシンプルなこのスタイルは，女性達が働き始めたこの時代の雰囲気をよく伝えている．

　この時期頃から都市における産業が著しく発展し，大ブルジョワジー（従来からの富裕階級）以外に，商人や職人，中小企業の経営者，企業の管理職，自由業者などの中小ブルジョワジーと呼ばれる階層が増加し始め，その階層の女性達はもっぱら大ブルジョワジー（従来からの上流階級の人々で，オートクチュールや

著名なテーラーに直接注文)のモードをまねて,町の小さな仕立て屋や女性裁縫師(クチュリエール)に衣服をつくらせていた.中小ブルジョワジーの女性達に,オートクチュールのクチュリエが発表した最新モードの情報を提供するものとして,モード誌と,この時期に増加し始めた百貨店の商品カタログが大きな役割を担った.そして,彼女達は金持ちの家庭でベビーシッターや家庭教師をしたり,事務員や百貨店の売り子として職業をもち始めた.そのために,Sカーブラインの服は職場では動きにくく,反対に労働着としてつくられた既製服は気に入らない彼女達にとって,テーラードスーツは最適なものとして受け入れられていった.

都市に住む工場労働者階級の女性達は既製服を着用していた.その既製服は,大きなジゴ袖で襟元の詰まったブラウスと,ウエストにギャザーを寄せた,踝丈のスカート,ウエストからのエプロンとショールであった.そして帽子は被らず,工場での仕事のときには上っ張りをはおり,スカーフを頭に巻いた.

また,大衆向けのものから豪華なものまで数多く刊行されたモード雑誌の中でもとくに豪華な『ガゼット・デュ・ボン・トン』("la Gazette du Bon Ton",1908〜25年)や『ジュルナル・デ・ダーム・エ・デ・モード』("le Journal des Dames et des Modes",1912〜14年)などは,当時オートクチュールのモードを一般に伝えるという役割を果たしたとともに,この時期の華やかな雰囲気を余すところなく今に伝えている.

d. ギャルソンヌスタイルからバイヤスカットへ

1920年代には若者のスタイルが台頭した.それは前代にない革新的なものでギャルソンヌ(garçonne)スタイルと呼ばれる.ギャルソンヌは1922年に出版されたヴィクトール・マルグリット(Victor Margueritte)の『ラ・ギャルソンヌ』により流行した言葉である.この私小説の主人公は,男性中心の社会で自立して仕事をするために女らしくない女,すなわち少年のような女性(ギャルソンヌ)となり,ショートヘア,膝頭を出した短いスカートの服装で,酒を飲み煙草を吸う,職業女性の姿であった.これに類するファッションは当時,フラッパー(おてんば娘)にみられていたが,それが高年層まで波及したのである.

第一次世界大戦中の物資不足と男性に代わる労働従事により,女性の服装は著しく簡素化し,女性の意識も大きく変化していた.戦後の1920年代にも女性の社会進出が進み,仕事で自信を得た女性達がこの流行を支えたといえる.1920

年代の繁栄は自由と開放感が謳歌された「狂乱の時代」とも呼ばれ，自動車やダンス，スポーツに興じるアヴァンギャルドな風俗がみられる．そのため，ファッションも前代までの成熟した女性のエレガンスを求める傾向と大いに異なるものとなった（図9.7, 9.8）．軽快な筒状シルエットには，ローウエストのデザインが多く，ストレートなジャケットにスカートが組み合わされた．女性特有の胸と腰の膨らみや細いウエストを表さず，平らな痩せ形にするため，胸当てとコルセットからなるコンビネゾンを用いたり，スポーツやダイエットを心がける女性があらわれることとなった．髪は短く切られ，小型のクロシュが被られた．それまで下品とされていた刺激的（扇情的）な厚化粧がなされたり，装身具にも奇抜なものがみられ，イヤリング，ネックレス，ブレスレットがふんだんに用いられている．

　1929年のニューヨークの株の大暴落を契機として広がった世界的な大不況への不安から，自由奔放なファッションは後退し，1930年代には再び落ち着いたエレガンスが求められた．この時代を通じて流行したものに，簡潔な構造だが，布をバイヤス方向に用いることにより，身体の凸部から垂れるドレープの美しさを特徴とするバイヤスカットのドレスがある．これは後述のマドレーヌ・ヴィオネ（Madeleine Vionnet）が創始したといわれる技法で，1930年代にはジャン・パトゥー（Jean Patou），ロベール・ピゲ（Robert Piguet），ガブリエル・シャネル（Gabrielle Chanel）らの多くのデザイナー達が創作した（図9.9）．ドレープの流れは肩，ウエスト，ヒップ，肘などを基点として考えられ，ジャボ，ハンカチーフヘムライン，フィットアンドフレアなど各種のエレガントなデザインが発表されている．大きく襟ぐりを明けたものや，とくにバックインタレストと呼ばれた背中の開きが際だったものがみられた．

　日常着には機能的なジャケットとスカートの組合せが多くなったようである．ジャケットの肩にパッドが入れられ，ウエストが強調された．スカート丈は長くなりスリムなシルエットが求められ，ブラウスにはジャボやリボン，シルクのスカーフなどがあしらわれた．子羊やビーバーなどの毛皮のコートや毛皮の襟巻き，ジャケットやコートの襟ぐりや袖口にも毛皮のトリミングがみられる．帽子と手袋は上品な装いに欠かせないものと考えられていた．

　自転車競技，水泳，ゴルフ，テニスなどのスポーツが楽しまれ，スキーや登山では女性にスラックスが着られたが街頭での着用はタブーであった．

9.1 新しい造形思想とともに

図 9.7 ギャルソンヌ（Vogue France, 1926 年 4 月） 　図 9.8 1920 年代のイヴニングドレス（Vogue France, 1926 年 5 月） 　図 9.9 バイヤスカットのドレス（American Vogue, 1934 年 11 月）

e. オートクチュールの隆盛
1) オートクチュールの伸展

　フランスでは 1868 年に注文服既製服製造組合が設立されていたが，1910 年に注文服業が既製服製造業から離れ，パリ・クチュール経営者組合が発足した．それに加盟するメゾンと呼ばれた高級注文服店が，産業省の審議によりオートクチュールの称号を認可され，創造性に富み，高度な手仕事による製作を追求することとなる．パリには刺繍・レース・羽根飾り・造花・ボタン・帽子・靴・手袋などの関連分野の産業が展開し，モードの創造を支えていた．第一次世界大戦以後，各メゾンのコレクションは同時期に発表されるようになり，顧客とともに外国のバイヤーに提示され，各国で輸入品として販売された．

　ヨーロッパの王室や大ブルジョワジーなどに限られていた顧客は，第一次世界大戦後には経済的発展を遂げた中産階級やアメリカなどにも拡大する．またオートクチュールの最新モードは，1920 年代からイラストレーションに代わって，ファッション写真で『ヴォーグ』（"Vogue"）や『バニティーフェアー』（"Vanity Fair"）などに掲載され，世界の流行の模範として克明に伝えられた．その結果，オートクチュールのメゾンは世紀の移行期の 1900 年頃に約 20 店であ

ったが，1925年に72店，1959年に50店と隆盛をきわめている．

20世紀初頭には，前世紀末から開店していたウォルト，ジャック・ドゥーセ，ジャンヌ・ランヴァン（Jeanne Lanvin），ジャンヌ・パキャン，キャロ姉妹（Callot Soeurs）らの店が人気を集めていたが，その後オートクチュールには，新たな展開がみられた．

前出のポワレは，コルセットを用いないことで現代服飾への改革者とされるが，そのほかにも，舞台衣裳の製作，作品集の出版，マヌカンを伴ったアメリカなどへの販売促進の旅行などで名声を高め，また1911年にロジーヌ社やマルチーヌ装飾美術工房を設け，香水，テキスタイル，壁紙，インテリア，調度等を製作するなど，その後のデザイナーの事業展開の先鞭となったのである．

ポワレと同時期のデザイナー達は各々，新しいモードの創造を試みた．1907年にマリアノ・フォルチュニー（Mariano Fortuny）は，シルクに細かなプリーツを施したドレスにより，コルセットを用いず身体美を増幅して表現している．

2) 女性デザイナーの活躍

モードの現代化は，女性デザイナーによって本格的に推進されたといえる．

マドレーヌ・ヴィオネは1907年にドゥーセのメゾンの一部門を任され，コルセットを着けない素足のマヌカンに，身体を自然に表すドレスを着せて発表した．1912年にメゾンを開店した後も，古代の服飾や日本のキモノの研究を通して自然な女性の身体美を表現している（図9.10）．デザインのために，80 cm大の木製人形に布をあててドレーピングしてパタンを考案する方法で，立体裁断の技法を追求した．当時開発されたシルククレープや，サテンやシフォンなどの特性を生かし，布地の目を考えた直線裁ちや円裁ち，幾何学的なカッティングを創案し，身体へのフィットと造形のために，ねじりや自由な位置のシームを施している．カウルネックなどの新しいデザインを考案したのも彼女である．

1917年のラップドレス，1919年の4枚の四角形で構成された正バイヤスのドレス，ハンカチーフヘムライン，1922年のバレルカット，1930年代にはタックやフリンジ，ドロンワーク，スカラップなどの技法によるサーフェスデザインと立体構成を調和させた多くの作品を発表した（図9.11）．彼女の独創性は，後のデザイナー達に高く評価され影響を与えている．

ガブリエル・シャネルは，1910年にパリで帽子店を開いた後，ドーヴィルとビアリッツの保養地に出店し，注文服を手がけた．服装の規範や身だしなみを重

9.1 新しい造形思想とともに

図 9.10 身体美を表現したヴィオネの作品（Vogue France, 1931年）

図 9.11 アメリカで輸入販売されたヴィオネの作品（Davidow, Imported Design, 1927–28, FIT special collection）

んじる都市生活と異なり，リゾートでは活動性が優先される．シャネルは機能性を重視し，1913年にはマリンルックや丈の短いスカート，柔軟なジャージー素材を用いたカーディガンジャケットとプリーツスカートのスーツやドレスをつくり人気を得た．また，1916年のパンツルック，1928年のツイードのスーツなど，紳士用とされてきたアイテムや素材を女性服に採用した（図 9.12）．1921年に売り出した香水「シャネル No.5」は当時のステイタスシンボルとされている．黒一色で装飾を控えた1925年のドレスは，優美な色彩が主流だったモード界に一石を投じ，1924年から「夢の宝石」と名づけ，本物よりも美しいと宣伝したイミテーションのアクセサリーでは，物質（宝石）の価値よりもデザインの価値の重要性を強調している．シンプルなスーツにこれらをふんだんにコーディネートして変化をもたせる着装は，仕事をもつ女性のために提案したものである．第二次世界大戦勃発により閉店したが，1954年に再開し，ツイードのスーツに再度デザインの工夫を加えて発表した．これは1956年に「シャネル・スーツ」として，一つの流行服でなく女性の生き方（スタイル）を与えるものと評価され，今日も着用されている．

シャネルは自らギャルソンヌ的に生きたが，創造面でも，簡潔なシルエットを伸縮性のある柔軟な素材でつくることで身体を解放し，旧来の女性像や階級制と

9. 20 世紀

図 9.12 アメリカで輸入販売されたシャネルの作品（Davidow, Imported Design, 1927-28, FIT special collection）

図 9.13 ディオールのニュールック（American Vogue, 1947年10月）

着装規範を否定し，自立した現代の女性像とそのライフスタイルに合わせた機能性を，シックでエレガントなモードに組み込むことを実現したといえる．

1930年代に活躍したエルザ・スキャパレリ（Elsa Schiaparelli）は，シュールレアリスムの装飾を採用した斬新な色彩とデザインで独自のモードを展開した．

3） 第二次世界大戦後

第二次世界大戦はヨーロッパ市民を総動員し，贅沢やエレガンスは統制下の生活で消失した．戦時中比較的豊かであったアメリカでは既製服企業が発展し，スポーツウエアを中心とした独自のモードの創造がなされていたが，一方，フランスでは占領時代を経て，パリ解放と同時にメゾンのコレクションが再開される．1945年春に，オートクチュール協会は70cm大の人形に作品を着せて「テアトル・ド・ラ・モード」展を催し，多くの人々にモードの夢を訴えた．

1947年，クリスチャン・ディオール（Christian Dior）のデビューで花冠ラインが発表された（図9.13）．アメリカの『ライフ』誌で「ニュールック」と名づけられたこの作品は，ローブデコルテのソワレ，アフタヌーンドレス，テーラードスーツなどで，胸部にフィットし，絞ったウエストと大量の布地を用いて大きく膨らませたスカートで，戦時中のミリタリールックと対照的なものである．20

世紀初頭からみられた身体の解放や機能性を求めるモードに逆行する復古調のシルエットであったため，アメリカやイギリスの一部に批判もみられた．さらにディオールは1953年チューリップライン，1954年Hライン，1955年春にAライン，秋にYラインと，コレクションごとに異なるラインを次々に発表し流行をリードする．高度な立体裁断を集約して各種のエレガントなデザインが創造され，完璧なラインのためにはチュールやボーンによる下着なども開発した．

クリストバル・バレンシアガ（Cristobal Balenciaga）は，卓越した立体構成の技術で構築的なデザインを造形し，アンドレ・クレージュ（Andre Courreges），ユーベル・ド・ジヴァンシィ（Hubert de Givency）などの後継者を育てている．

1950年代のオートクチュールモードはフランスの伝統的エレガンスを最高に洗練したものとなり，戦後の経済発展を背景に世界中で流行の模範となっている．外国のバイヤーなどにより複製品がつくられる問題には，1920年代のヴィオネや1948年のディオールの試みに続き，1950年代には外国のメゾンや百貨店とライセンス契約を結んで現地生産をし，顧客の拡大を図る方策が展開された．

f. スーツの台頭

19世紀末に定着した男性の衣服は，正式な夜会服としてのイヴニングコートに白いボウタイ，略式夜会服としてディナージャケット（スモーキング，タキシード）に黒いボウタイが広く用いられるようになった．昼の礼装としてのフロックコートはしだいに胴を細くして身体にフィットしたものになったが，モーニングコート着用の機会が増えていった．シャツは麻や木綿，絹でつくられ，襟が高いものが正式である．

また，既に登場していた実用的なジャケットがウエストコートとトラウザーズとともに一揃いで仕立てられ，三つ揃いのスーツとして着用されるようになった．

帽子はこれまでの正装用としてのトップハット（シルクハット），略式の山高帽，かんかん帽のほかに，スーツには中折れ帽（ホンブルグハット）が組み合わされることが多くなる．

第一次世界大戦後は男性の衣服において簡略化がなされるようになり，フロックコートはその地位をモーニングコートに譲ってしまった．そして，日常着として用いられつつあった三つ揃いのスーツが定着した．シングルまたはダブル前の

148　　　　　　　　　　9．20 世紀

図 9.14　イヴニングコート，白いピケのウエストコート（Journal des Dames et des Modes, 1912 年 5 月）

図 9.15　男性：モーニングコート，女性：S カーブラインのドレス（Young Lady's Jornal, 1907 年）

図 9.16　フロックコート（左）と三つ揃いのスーツ（右）（Young Lady's Jornal, 1907 年）

上着が組み合わされている．また，1925 年代にはトラウザーズの裾幅が広くなってだぶだぶの形となったり，ネクタイの幅が変化するなどの流行があった．

その後，男性のスタイルには大きな変化はなく，上着の襟幅やボタンの数，シングルかダブルかという打合せ方の違いなどがみられるのみである．

9.2　自由な表現を目指して

a.　1950～60 年代
1）プレ・タ・ポルテの台頭

オートクチュールは仮縫いを重ねて完璧なシルエットを求めるため，テンポを早めていく現代生活にそぐわない一面をもっている．また若い世代がモードを追うようになり，着装にエレガンス以外の要素が求められ始めていた．

そこでオートクチュール界にそれらに対応する動きがみられる．1948 年にジャック・ファト（Jacques Fath）はアメリカの既製服会社と契約して若者向けの商品を売り出した．ジャック・エイム（Jacque Heim）は 1950 年から既製服会社のためにデザインを始めている．ピエール・カルダン（Pierre Cardin）は 1959 年に既製服のコレクションを始め，1962 年から売り出した．またライセン

ス契約で家具，食器，寝具，電気製品，眼鏡などあらゆる分野のデザインを手がける．イヴ・サンローラン（Yves Saint-Laourent）は 1965 年に学生街のセーヌ川の左岸に開店し，オートクチュール界にみられなかったビートニクなど若者のスタイルを取り入れ，前衛的な作品を発表した．その後ほとんどのオートクチュールがプレ・タ・ポルテ（Prêt à porter，英語の ready to wear の意）部門を設け，若者や大衆を視野に入れた量産の既製服を生産するようになっていく．

　一方，第二次世界大戦後に質的な向上を目指していたパリの既製服業界で，1950 年代末から 1960 年代初期にスチリストと呼ばれるエマニュエル・カーン（Emmanuelle Khanh）らが活躍し始め，大衆の若者を対象とした既成観念に縛られない斬新なプレ・タ・ポルテを売り出した．1960 年以降，オートクチュールよりも 2 カ月前にプレ・タ・ポルテのコレクションが行われるようになり，プレ・タ・ポルテに的を絞ったダニエル・エシュテル（Daniel Hechter），ソニア・リキエル（Sonia Rykiel），カール・ラガーフェルド（Karl Lagerfeld）らのデザイナーが 1960 年代半ば以降に活躍している．

　プレ・タ・ポルテは量産という生産上の制約をもち，不特定多数の着用者を想定するため，従来のモードのように身体にフィットした完璧なドレスを目指すのではなく，色彩や素材などで特徴を出したスタイルが追求される．

　従来，既製服はコンフェクション（confection）と呼ばれ，大衆対象の安価で粗悪なものとみなされてきたが，プレ・タ・ポルテの台頭によって，既製服がモードの流行を主導するようになる．その結果モードが多くの人々に提供され，大衆がファッションを享受する現在のファッションシステムが確立したといえる．

2）合成繊維

　1950 年代の経済復興と技術革新は生活様式を現代化し，テレビや冷蔵庫などの家電製品が普及した．衣生活面では各種の合成繊維が導入されている．

　初めての合成繊維であるポリアミド繊維（ナイロン）は 1935 年にアメリカのデュポン社でウォーレス・ヒューム・カローザス（Wallace Humme Carothers）によって発明され，1937 年に特許を得た．1940 年にはストッキングとして人気となったが，第二次世界大戦中には軍需用に使用されたため，本格的に衣料に用いられたのは戦後である．ディオールはニュールックのスカートの膨らみのために，張りの強いナイロンのペティコートを採用している．ナイロンは 1950 〜 60 年代にストッキングに続きランジェリー，ブラウスなどの大量生産に用いられ，

図 9.17　プラスティックやメタルを用いたラバンヌの作品（Chain mail evening dress, 1966, The Museum at F.I.T. New York）

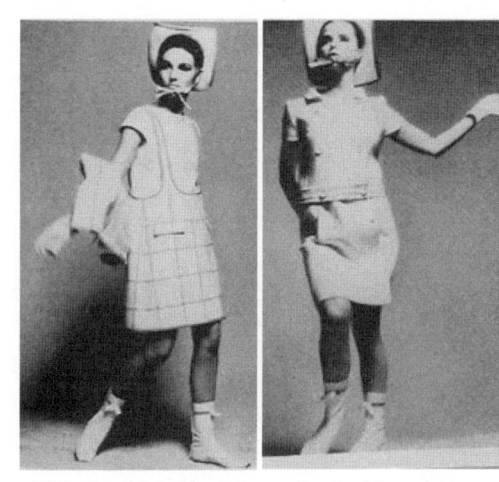

図 9.18　クレージュのミニスカート（Harper's Bazaar 1965 年 3 月）

大量消費を可能とした．

　1941 年にイギリスで開発されたポリエステル繊維は 1953 年から工業生産され，各種のアクリル系繊維が 1948 年から 1952 年にかけて商業生産される．さらに 1959 年に弾性繊維ポリウレタンが市場に提供された．これらの合成繊維は丈夫さとイージーケアの理由から，シャツ類からアウターまで各種のアイテムに広範に使用され，衣生活の軽装化と簡易性に寄与するとともに，合成繊維独特のビニールやプラスティックのようなテクスチャーは，1964 年のクレージュの宇宙ルックやパコ・ラバンヌ（Paco Rabanne）の前衛的な作品に生かされている．またパーマネントプリーツなどの加工法は，プリーツのデザインの範囲を拡大し，大量生産品の質を高めたといえる．とくにストレッチ素材の使用は，ファンデーションやスポーツウエアの着用感やデザインに大きな影響をもたらした（図 9.17）．

3）ミニスカートと若者の着装

　1960 年代に社会現象とも捉えられた流行は，ミニスカートである．その創始者はマリー・クワント（Mary Quant）か，アンドレ・クレージュかの論争がみられるが，1950 年代ロンドンのキングス・ロード界隈で闊歩していた少女達の

膝上丈のスカートを取り上げたクワントに対して，クレージュはミニスカートを幾何学的な均衡を生かした現代モードとして発表し，社会的な注目を集めた．その後，多くのデザイナー達はそれに追従することとなる（図9.18）．

当時，第二次世界大戦後のベビーブームの世代がティーンエイジャーとなり，社会的に大きな存在となった．そして既存の体制や価値観を否定するような動向がみられるようになったのである．1968年のフランスの5月革命をはじめ世界中で若者を中心とする各種の反対運動が展開された．さらにフランスでは全土にストライキが拡大し，旧来の価値観や体制は変更を余儀なくされたのである．ミニスカートは，当時の社会動向を象徴的に反映した流行であった．

膝頭を露わにしたミニスカートに対して，当時ファッション界の重鎮であったシャネルは，エレガントさに欠けると批判したといわれている．しかし，フランス大統領夫人をはじめエレガンスの権威とされていた女性達もミニスカートを着用するようになり，着装に若々しさが重視されるようになるのである．円熟した女性を対象としてきたモード界が，ミニスカートの流行以来，明白に若者志向に転換することになった．日本においてもミニスカートは1967年から1974年頃まで大流行している．

1960年代後半にアメリカでは，女性が自立した存在として男性と平等な権利を訴えるウーマンリブが盛り上がり，1968年には女性固有のアイテムであるブラジャーを否定するノーブラ運動がみられる．また「自然への回帰」をスローガンに従来の社会通念や生活様式に反発するヒッピー達は工業社会を否定し，手作りのものを好んだ．このようなヒッピーのつくり出したものはそれ以降の一般のファッションに多大の影響を与えている．今日では日常着となっているジーンズやTシャツに手を加えて着装したのはヒッピーである．彼らはジーンズをぼろぼろにし，破れた部分に花の刺繍やアップリケを施し，Tシャツに各種の絵や文字を書いた（図9.19）．また近代的なものと対照的な民族衣装にも注目したが，これらが後にデザイナー達に民族調が採用される契機となる．

b. 1970年代
1) ユニセックスファッション

1970年代初頭にもミニスカートは着用され続けた．1970年以降多くのデザイナーはミニに変わってミディ，マキシなどのロングスカートを発表したが，その

図9.19　ヒッピーの着装（1969, 1972, The Museum at F.I.T. New York） 　図9.20　パンタロン着用の男女（Vogue France, 1970年9月） 　図9.21　ティーンエージャーの象徴だったジーンズ（News Week, 1966年3月21日表紙）

もくろみと異なり，パンタロンが大流行した．

　海浜着やスポーツウエアとしての幅広のパンツは，すでに第一次世界大戦後にシャネルが採用し，1963～64年にクレージュやシャネルがイヴニングに取り入れ，その後サンローランをはじめ多くのデザイナーが各種のパンツルックを打ち出す（図9.20）．パンタロンはミニスカート流行当初と同様に，社会的に容認されない状況もみられたが，1970年代の流行時にはフォーマルの席でも着用されるようになった．このことはミニスカートと異なり，公式の場で女性が男性の服種までを着用することが容認されるようになったという点で注目される．

　またジーンズは1970年代初頭に爆発的に流行し，男女が着用するようになったため，ユニセックス時代が到来したといわれた．アメリカ西部で19世紀半ばから作業用ズボンとして用いられていたジーンズは，1930年代後半にカウボーイスタイルとして東部でもレジャー用に着られ，女性用も売り出されている．さらに1950年代のハリウッド映画によって反抗する若者の象徴的なファッションとされ，それ以降反体制の若者や学生運動にも着用された（図9.21）．さらに1960年代末からのヒッピーやフォークソングの影響により，1970年代に自然志向のファッションアイテムとして，男女ともに大流行する．

9.2 自由な表現を目指して

このような着装における性差の消失は1960年代半ばからみられる傾向で，女性だけに用いられてきた多彩な色や模様の服を男性が着るようになる一方で，女性はスーツや縞のワイシャツを着始めた．当時流行していた花柄，ペイズリー，市松模様などのワイシャツ，幅広いベルト，派手な色のネクタイを着けた男性のスタイルはモッズルックと呼ばれる．また白一色であったワイシャツに加え，カラーシャツが男性に着用されるようになり「ピーコック革命」と表現された．1960年代後半には女性解放運動が盛り上がったが，着装上の動向でも，1970年代になるとスポーティーな服には男女の差がみられない状態となり，ユニセックスファッションが広く定着する．

2) 多様な着装

ジーンズを色落ちさせたり，裾をフリンジ状にしたり，鋲・刺繍・ツギハギ・アプリケなどを施したりするファッションも1970年代にみられる．これは天然素材のもち味を生かすことと，手を加えて他と差別化しようとする意識である．

ジーンズやTシャツに代表される木綿に限らず，従来，しわになりやすいため敬遠されがちだった麻製品が若者に流行するなど，天然素材を好む傾向がみられた．化繊・合繊で育ってきた若者にはむしろ，しわになることが目新しく感じられたのかもしれない．衣類に限らず，ヌメ皮のバッグが流行するなど天然素材が注目されている．

また若者から毛皮が流行し，廉価な兎から高価なものへと発展していく．毛皮は限られた階層や場所で着用される高級素材とみなされてきたが，それを若者はTシャツやジーンズと組み合わせて着用し，従来の毛皮がもっていたゴージャスな価値観を無視して着装した．このようなドレスダウンの傾向によって，従来の服種別のTPOのあり方も変更を余儀なくされたのである．

1973年にパリのプレ・タ・ポルテのコレクションで高田賢三が発表したフォークロアのビッグスカートが話題となり，それを契機にビッグファッションが流行した．一連のオーバーサイズのファッションは，身体にフィットするという西洋の伝統美を解体したデコンストラクション（脱構築）と呼ばれる（図9.22）．この流行の特徴は，完成したモードを着るのでなく，いかにブラウスやビッグカーディガン，ベストなどを重ね着するか，またロングマフラー，ニットキャップ，ロングスカーフ，ブーツ，アクセサリーなどをコーディネートするかということが着装上で重視されるようになったことである．「組合せファッション」は，

各服種や装身具の選択を，基本的に個人の趣向に委ねることだが，流行傾向を無視して装われたのではない．その流行傾向は，具体的な服種や色等に限定するものでなく，価値基準の指針となるイメージをもつものとなった．その一つとして1970年代に打ち出されたのが「本物志向＝自然志向」の傾向であり，ジーンズにみられた素材や色の問題から，髪形，化粧などにも及ぶ装いに自然らしさが求められたのである．

身体を補整する各種のラインを表現した1950年代のモードは人工美を求めたものといえる．それに対して1970年代には自然志向が，衣服自体の形態にもあらわれる．複雑な曲線でないシンプルなものが流行となり，いわゆるニュートラ（新伝統主義）ファッションで，定番のアイテムを組み合わせる流行がみられた．デザイナー達は，「着飾るのではなく，羽織ってもらう服」を製作するようになる．すなわち，主にデザインを全面に打ち出したものが排除され，シンプルな衣服を用い，組合せを重視するウエアリング時代に移行した．また，ケンゾー，サンローラン，ウンガロ，リキエルなど多くのデザイナーによる日本，中国，モロッコ，インディアン，ロシア，スペインなどのエスニックファッションが1970年代を通してみられたことも，着装の多様化を促したといえよう．

図9.22 ビッグファッション
（Marc Bohan Pour Dior, Vogue France, 1975年9月）

c. 1980年代
1) 多様なイメージの表現

1980年春夏にフェミニンな各種のデザインのミニスカート，同年秋冬以降には多様な丈とシルエットのパンツが発表され，大流行するトレンドは失われた．

1980年代のコレクションには，新旧に関するモダン，クラシック，レトロ，トラッド，セクシャリティーに関するフェミニン，マニッシュ，アンドロジナス，美意識の範疇ではエレガンス，ダンディー，ボロルック，パンクのほか，多くのイメージが打ち出され，同時期に複数のイメージが並存している．

各イメージの具現化のために素材が追求された．1981年にはモヘヤ，カシミ

ヤ，アルパカ，ビキューナなどの高級獣毛，1984，85年にはエジプト綿，スピマ綿，海島綿(かいとうめん)などの超長繊維綿が注目される．化学繊維にも，ゴアテックス，セラミックス繊維，カメレオン繊維，ピーチスキンなどが開発された．これらは，合成繊維開発期から蓄積された紡糸・糸加工・織編・染色・仕上げ・加工の各技術の連携により生み出されたもので，日本では「新合繊」と呼ばれる．また，ワッシャー加工の綿，シワ加工の麻，水で洗える絹や毛が人気を得た．細分化して差別化された素材には，機能性だけでなくテクスチャーのもち味が注目され，モードに生かされている．一方，高級素材を日常着や下着に用いたり，逆にカジュアルな素材をフォーマルに用いるなど，従来の素材と用途のヒエラルキーが変更され，多様なファッションイメージが創造された．

2) 身体意識・着装観の再検討

1981年には各種のアイテムによる重ね着が流行する．1982年にはジャン・ポール・ゴルチェ（Jean Parl Gaultier）らがコルセットやガーターベルトをアウターに用いる前衛的なコーディネートを，1983年ビビアン・ウエストウッド（Vivian Westwood）が破壊的なパンクファッションを発表して注目された．

また，1982年にアズティン・アライア（Azeddine Alaia）は，巧妙なカッティングとライクラを用いた伸縮性素材で女性の身体美を強調した（図9.23）．身体美を意識することは，フォルチュニーやヴィオネの作品，ミニスカートにもみられたが，1980年代の皮膚感覚の身体表現は，「ボディーコンシャス」と呼ばれて流行する．エアロビクスやジャズダンスで身体自体のシェイプアップを図るブームも生じた．スーツのシルエット上に立体構成の原則が強調され，厚く大きな肩パッドを用いたビッグショルダーとシェイプしたウエストがみられる．またスパッツやスポーティなアイテムで身体美が強調された．

アメリカでは若いエリートのヤッピー男女に肩を張らせたパワールックがみられた．ジョルジオ・アルマーニ（Giorgio Armani），ラルフ・ローレン（Ralph Lauren）などの上質のジャケットに，女性にはシックなブラウスとタイトスカートのパワースーツやパンツスーツがビジネスウエアに定着した．紳士服同様の女性用スーツのデザインは社会的権威を表し，女性解放の野望を表す「成功への装い」といわれる．

さらに1982年からパリコレクションに参加した山本耀司とコム・デ・ギャルソンの作品は，西洋の伝統的な美学や立体構成の原則を揺るがすものとして衝撃

図 9.23 ボディコンシャス（Alaia, Vogue France, 1982 年 11 月）

図 9.24 コム・デ・ギャルソンの作品（1983, The Museum at F.I.T. New York）

図 9.25 プリーツのドレス（三宅一生, Vogue France, 1994 年 2 月）

的に捉えられた（図 9.24）．身体を隠す着装には精神的，経済的な自立を示そうとする女性像が見出されたり，ボロルックとかスノビズムとも評される．一連の作品には，ストーンウォッシュなどのムラ染め，無彩色，穴あきや引き裂きを特徴としたアートテキスタイルが使用され，アシンメトリーなデザインやイレギュラーなヘムライン，巻く，重ねる，羽織る，結ぶなどの特徴がみられた．これらはすでに 1970 年代半ばからパリで活躍してきた三宅一生の創作に共通する日本の伝統にみられる布と身体とのかかわり，ゆとり，素材の追求，美意識などを表現したものといえる．その後の多くのデザイナーに影響を与えるとともに，西洋モードに新たな構成の在り方と美意識を加えたと評価されている（図 9.25）．

また，1980 年代半ばに最も人気を博したゴルチェは，クラシックなアイテムを着崩したり，オーバーサイズにしたり，身体の左右や上下にマニッシュとフェミニンなアイテムを組み合わせたアンドロジナス，異素材の組合せなどでその創造性が話題を集めたが，それらは従来の構成や着装観を問い直すものであった．

一方で，1987 年からクリスチャン・ラクロワ（Christian Lacroix）のバロックファンタジーが注目され，サンローラン，ジバンシー，ウンガロらは，伝統的なクチュールの技術を駆使したモードを展開する．1980 年代には，オートクチュール系も含めたデザイナーズブランドが再び高い人気を得た．その創造性に富んだ作品は，立体構成の技法や素材，身体表現を再考した上で，それぞれのイメー

ジを実現したもので，それらが大衆の着装観の変容に影響を与えたといえる．

カルダンは1979年に中国でコレクションを発表した後，中国のシルクやカシミヤなどの素材で製品を生産し，1985年には旧ソビエト連邦ともライセンス生産を契約した．多くのアパレルメーカーもこの動向に加わり，共産主義圏をも含んだモードの国際的な製造と波及が世界的規模で展開している．

d. 1990 年 代
1) ハイテクとエコロジー

1990年代は共産主義が後退し，ヨーロッパには貿易障壁を廃したEC共同体が出現し，アジア諸国に著しい経済成長がみられた時代である．ファッション市場は世界規模に拡大し，技術革新により情報が世界同時に得られるようになり，国境を越えて多文化を共有する状況が生まれた．一方，環境問題に対する世界的な関心が高まり，持続可能で快適な生活への再検討が取り組まれ始める．

循環型社会づくりのためにペットボトルから再生されるポリエステル繊維を利用したファッションの創造が試みられ，宇宙服や防護服，高性能スポーツウエアの研究開発に伴い，日常の衣料にも新しい繊維が浸透した．マイクロファイバーやマイクロカプセルの技術により，紫外線遮断，抗菌，防臭，アレルギー防止，湿潤効果，香りやビタミン付与などの健康増進の機能性素材や，ゴム化，パール化，反射仕上げ，レリーフ加工などの新素材がみられる．これらは従来の素材がもたなかった性能を超薄地にもたせたことに加え，襞やしぼなどの外観上の特徴という装飾性の面でも注目を集めた．また，伝統的な高級素材をハイテク技術で容易につくったものを用いたモードは，造形性の高さとともに，造形の方法を拡大した点でも特筆に値する（図9.26）．

2) ストリートファッション

若者文化は1960年代からモードの主流となったが，1990年代初頭にはグランジ，パンクなどの若者ファッションが台頭した．グランジはシアトルで生まれたグランジロックのミュージシャンの，みるからに汚らしい衣装に端を発する．音楽とともにそのファッションが世界中に広まり，「グランジ調」はパリやミラノのコレクションにも登場する．1993年，川久保玲や三宅一生は異素材の接ぎ合わせ，縮絨素材，かぎ裂きを修理したような刺繍やムラ染めの作品を発表した．

パンクは1970年代後半，不況化のイギリスで失業中の若者達がそのはけ口と

図 9.26　ヒートセットによる造形（菱沼良樹，1999 年，アトリエ提供）

図 9.27　義足のモデルを起用したコレクション (McQueen, TIME, 1998 年 10 月 12 日)

して，音楽やファッションを通じて過激な若者文化を生み出した運動を指す．革のジャンパーや T シャツを破ったり汚したりし，アクセサリーに鎖や錠前，安全ピンなどを使い，髪型もモヒカン刈りやスキンヘッドの特異なスタイルであった．1994 年にジャンニ・ヴェルサーチ（Gianni Versace）が安全ピンの装飾をオートクチュールに採用したり，ゴルチェらも刺青などの装飾を取り上げている．

また 1980 年代にアメリカで流行したヒップホップやブレイクダンスとともに，スポーツファッションやスニーカーが人気を得たが，さらに 1990 年代にはサッカー，バスケットボール，スケートボードなどの多様なスポーツファッションやエスニックファッションがストリートの若者に支持される．

本来アンチモードであるこれらのファッションが注目されるようになったが，デザイナーはストリートファッションをあくまでもイメージとして捉え，材質，色彩，フォルム，縫製技術，付加物などの細部までを考慮に入れて，洗練したモードに仕上げる．その結果デザイン処理されたものは，一般にも流行した．

一方で，1990 年代には低価格で品質も重視した定番商品を中心とするカジュアルウエアが求められ，ベネトン，GAP，MUJI などが人気を得る．

3）ユニバーサルファッション

前代までみられた着装の身分や階級差，地域差，経済差などは，20 世紀の工

◆ **プリーツの系譜** ◆

現代でプリーツといえば，三宅一生を思い浮かべない人はいないくらい1990年代の一生のさまざまなプリーツの作品は有名になった．このプリーツの偉大な発明は，服を形造ってから加工することと，洗濯機で洗ってもプリーツがとれない点にある．しかし，近代の半永久的プリーツの発明としては，19世紀にマリアーノ・フォルチュニーが発明した絹のプリーツが先んじている．フォルチュニーには古代ギリシア時代の御者の像に触発された「デルフォス」のシリーズがある．

　古代ギリシアおよびローマでは，まとい付けて着付ける衣裳形態であったために，美の中心は入念に付けられた襞に集中していた．とくに薄いリネンのイオニア式キトンそして威厳を表現するトガには，それぞれその時代の人々の並々ならぬ努力と，その結実としての美がうかがえる．後にロマネスクの時代そしてルネサンスさらにエンパイア時代と，古代ギリシア，ローマの文化が復興する時代には，必ずプリーツ装飾が復興している．とくに，ルネサンス絵画においては，衣服の襞をいかに美しく描くかが重要な課題であった．

　一生のプリーツが出てきた背景には，アート領域で1970年代から強くあらわれた身体への高い関心があり，それが1980年代にプリーツファッションにおいて具体化したとも考えられる．つまり，プリーツには着る人の装うセンスや動きそして鍛えられた体が，暗に要求されている．濡れたキトンから美しい肉体が浮かび上がるレリーフがあるが，ここにみられるように襞装飾の衣服は，衣服そのものよりも，襞の下から透けて見える人間の身体の美しさが求められた．同時に，襞付けをして着装する人間の美意識や行動が問われ，また尊重されたのである．

<水谷由美子>

業社会の実現と技術革新，情報化社会の到来，グローバリゼーションによって消失した．マスファッションを供給するシステムは顕著に発展し，さらに少数派や個別の要求に対応する取り組みがみられる．

　1985年にアメリカの建築家ロナルド・メイス（Ronald I. Mace）が提唱したユニバーサルデザインの考え方をもとに，1990年代後半にユニバーサルファッションが注目され始めた．これは万人に共通な服を求めるのでなく，「誰もがファッションを楽しめる社会をつくる」という思想を指す．高齢者用，障害者用の衣服と限定されがちだが，本来はあらゆるライフスタイルを対象として美しく快適

で楽しい着装を実現するファッション創造とその提供を目指すものと定義される．デザイナー，各種団体，メーカーにより体型，年齢，身体能力，性別，文化，国籍の多様性に注目した衣服のあり方の問い直しがなされている．

1997年にコム・デ・ギャルソンは身体のイレギュラーな部位にパッドを入れた作品を発表し，従来の身体美の概念に問題を提起した．1998年にアレクサンダー・マックイーン（Alexander McQueen）は，モデルの1人に義足のパラリンピック選手を起用し，芸術と工芸の融合を表現し注目された（図9.27）．マルタン・マルジェラ（Martin Margiela）は年齢を経た女性や肥満体を対象に作品を発表している．2001年にニューヨークで行われたユニバーサルデザインの国際会議では，三宅一生の「プリーツ・プリーズ」がユニバーサルファッションとして評価された．

EU諸国の共同プロジェクトであるイージーテックスは，障害者と高齢者を対象として，体系的な情報のデータベース化を進め，身体測定からCADやCAMのシステムを自動化して連携し，個別の体型や身体状況に合わせた衣服生産システムの開発を行っている．日本でも，1990年代後半からユニバーサルファッションへの関心が高まり，汎用性のある素材やデザインの商品開発，サイズや製造用のパターンの再検討，購入者とメーカーを直接結んで丈を調整するなどの製造上の対応など，より多くの人々がファッションを享受できるための動きがみられる．

年　表

『　』文学作品名　「　」美術作品名など

政治・社会	文　化
紀元前	
4500頃　エジプトで農耕・牧畜生活始まる	15000〜10000頃　アルタミラ，ラスコードルドーニコ洞窟の壁画
3300頃　シュメール都市文明の開始	
3100頃　エジプト第1王朝開始	
3000頃　クレタ島の初期ミノア時代（〜B.C. 2200頃）	3000頃　ウルのモザイク「軍旗」
	〃　　　エジプト「ナルメル王のパレット」
2800頃　シュメール初期王朝始まる（〜B.C. 2350頃）	2900頃　マリの「エビ・イルの像」
2650頃　エジプト古王国時代（〜B.C. 2170頃）	2600頃　エジプト「ラホテプとノフレト座像」
2600頃　ギリシア本土で初期ヘラディック時代	〃　　　ギゼーのピラミッド群，スフィンクス
	〃　　　トロイの第一市
2334頃　アッカド王朝（〜B.C. 2154頃）	2500頃　クレタ島クノッソス宮殿（〜B.C. 1800）
2200頃　クレタ島の中期ミノア時代（〜B.C. 1550頃）	2400頃　トロイの第二市
	2250頃　シュメール「クデアの像」
2112頃　シュメールのウル第3王朝始まる	2000頃　エジプト「供物を運ぶ女たち」
2050頃　エジプト中王国時代（〜B.C. 1780頃）	1900頃　エジプト「センウセルト2世銘首飾り」
2000頃　印欧語族のギリシア進入，中期ヘラディック時代	〃　　　シュメール「ハムラビ法典碑頂部浮彫」
1830頃　バビロン第1王朝始まる（〜B.C. 1530頃）	
1700頃　クレタ島ミノア文明最盛期	1600頃　クレタ島クノッソス宮殿，「女神像」
1580頃　エジプト新王国時代（〜B.C. 1085頃）	1500頃　エジプト「王座の凭れかかり」，「トトメス3世像」
1550頃　クレタ島後期ミノア時代（〜B.C. 1400頃）	〃　　　クレタ島「プリーストキング像」
1450頃　アッシリアの自立	
1400頃　クレタ島ミュケナイ時代（〜B.C. 1100頃）	1400頃　ミュケナイ「ハギア・トリアダの石棺」
	〃　　　ルクソール神殿
	1300頃　アブシンベル神殿（〜B.C. 1200頃）
	〃　　　ミュケナイ獅子門
1200頃　トロイ戦争	1200頃　トロイの第七市
1100頃　バルカン半島にドーリア人の進入，ミュケナイ時代終わる	
1085頃　エジプト21王朝，末期王朝時代	1000頃　ギリシアの幾何学様式の壺（〜B.C. 800頃）
955頃　ソロモン，イスラエル王となる	
930頃　アッシリア隆盛期（〜B.C. 780頃）	900頃　アッシリア王「アッシュールナジルパル2世像」
900頃　エトルリア人の文化活動始まる	
900頃　スパルタ市誕生	800頃　ホメロス『イーリアス』，『オデュッセイア』
750頃　ギリシアの大植民運動，諸市の成立（〜B.C. 550頃）	700頃　アッシリア王「アッシュールバニパル2世像」

年表

政治・社会		文化	
683	アテナイで貴族制成立	700頃	オリンピアのヘラ神殿
625	新バビロニア（〜B.C.538）	650頃	「オーセールの婦人像」
〃	メディア王国（〜B.C.550）		
609	アッシリア帝国滅亡		
600頃	ローマ市成立		
605	リディア王国（〜B.C.546）	550頃	ギリシアの黒絵式壺の全盛期（〜B.C.530）
594	アテナイでソロンの改革	530頃	ギリシア「ペプロスの少女」
		〃	エトルリア「タルクニアの噴墓の壁画」（〜B.C.450頃）
539	ペルシア帝国成立		
525	ペルシアのオリエント統一，エジプト支配	520頃	アクロポリス出土の「少女像」
		〃	ペルセポリスの神殿
521	ペルシアのダレイオス1世即位	500頃	エトルリア，ヴェイオの「アポロン像」
509	ローマで共和制開始	〃	ギリシアの赤絵式壺の全盛期
492	ペルシア戦争開始（〜B.C.479）	488	パルテノン神殿（〜B.C.447）
		470頃	「デルフォイの駆者像」
		460頃	オリンピアのゼウス神殿とその彫刻
450頃	ローマ最初の成文法制定	〃	「沈思のアテナ」
		〃	「アフロディテの誕生」
		428以前	ヘロドトス『歴史』
431	ペロポネソス戦争開始（〜B.C.404）	411	アリストパネース『女の平和』
		405	エウリピデス没（B.C.480〜）
			ソフォクレス没（B.C.495〜）
334	アレクサンドロス大王東征（〜B.C.332）	399	ソクラテス没（B.C.469〜）
		330年代	エピダウロスの円形劇場
331	ペルシア帝国滅亡	322	アリストテレス没（B.C.384〜）
301	エジプト，プトレマイオス朝（〜A.D.30）	300頃	タナグラ出土の「テラコッタ人形」（〜A.D.100頃）
272	ローマ，イタリア半島の統一	291	メナンドロス没（B.C.342〜）
264	ローマ，カルタゴ間に第一次ポエニ戦争		
218	第二次ポエニ戦争（〜B.C.201）	190頃	サモトラケの「ニケ像」
201	ローマが西地中海を制覇		
149	第三次ポエニ戦争（〜B.C.146），カルタゴ滅亡	100頃	ポンペイの「壁画」
60	ローマ第一回三頭政治	50頃	カエサル『ガリア戦記』
58	カエサルのガリア遠征（〜B.C.51）		
30	オクタヴィアヌス，エジプト征服，クレオパトラ自殺		
27	アウグストゥス（オクタヴィアヌス）初代ローマ皇帝となりローマ帝国となる		
4頃	キリスト誕生（〜A.D.32）		

年　　表

政　治・社　会	文　　化
紀元後 79　ヴェスビィオス火山噴火, ポンペイ埋没 96　ローマ五賢帝時代 (〜180) 98　トラヤヌス皇帝となる (〜117) 161　マルクス・アウレリウス即位 (〜180) 226　ササン朝ペルシア建国 240　ゲルマンの侵入激化 284　ディオクレティアヌス帝即位 (〜305),専制君主制 306　コンスタンティヌス1世即位 (〜337) 313　コンスタンティヌス帝, ミラノ勅令発布, キリスト教公認 325　ニケーア宗教会議 330　コンスタンティヌス帝, 東方の首都としてコンスタンティノープル建設 375　ゲルマン民族大移動開始 395　テオドシウス帝死す, ローマ帝国東西に分裂 415　イスパニアに西ゴート王国成立 (〜711) 420　東ローマ, ペルシアと戦う (〜421) 443　ローヌ川上流域にブルグンド王国成立 (〜534) 449　アングル, サクソン, ジュート族がブリタニアに侵入 452　アッティラのフン軍がイタリアに侵入 476　西ローマ帝国滅亡 481　フランク族のクローヴィス即位 (〜511)メロヴィング朝成立 (〜751) 493　イタリアに東ゴート王国成立 (〜553) 502　ペルシア戦争 (〜506) 527　東ローマ皇帝ユスティニアヌス1世の即位 (〜565) 529　「ローマ法大全」の編纂始まる (〜534) 540　東ローマ, ペルシアと戦う (〜562) 553　東ゴート王国滅び東ローマ帝国に服す 584　イタリアのラヴェンナと北アフリカのカルタゴ (591) に新しい総督をおく 590　ローマ教皇グレゴリウス1世即位 (〜604) 591　ペルシア戦争 (〜622) 619　アヴァール族, コンスタンティノープル付近侵攻 636　イスラム軍, シリアの諸都市, エルサレム (637) 獲得 645　大化の改新 (日本) 651　ササン朝ペルシア滅亡 661　サラセン帝国成立 (〜750) 672　イスラム軍, コンスタンティノープルに迫る (〜678) 710　平城京遷都 (日本)	17　オイディウス没 (B.C. 43〜) 19　ヴィルギリウス没 (B.C. 70〜) 80　ローマ, コロッセウム完成 80〜100　マールティアーリス『エピグランマタ』 82　ティトゥスの凱旋門 98頃　タキトゥス『ゲルマーニア』 110頃　タキトゥス『年代記』 113　トラヤヌス帝の記念柱 124　ローマ, パンテオン完成 3C.後半　カタコンベの壁画 315頃　コンスタンティヌス凱旋門 4C.後半　ローマ, 聖マリア・マジョーレ教会 425頃　ラヴェンナ, ガルラ・プラチディア廟堂 500頃　ラヴェンナ, 聖アポリナーレ・ヌォヴォ教会 526〜48　ラヴェンナ, 聖ヴィターレ教会 530頃〜　ササン朝ペルシア黄金時代 537頃　コンスタンティノープル, アヤ・ソフィア大聖堂 549頃　ラヴェンナ, 聖アポリナーレ・イン・クラッセ教会

163

年表

	政治・社会		文化
713	西ゴート王国滅亡，イスラム軍に征服される	711	サラセン文化，ヨーロッパに伝播
726	レオ3世，偶像禁止令を出す．聖画像論争（〜843）		
732	カール・マルテル，トゥール・ポワティエ間の戦いでイスラム軍に勝利		
751	フランク王国ピピン即位，カロリング朝成立（〜987）		
756	イベリア半島にサラセン帝国の後ウマイヤ朝成立（〜1031）		
774	シャルル，ロンバルドを滅ぼし，イタリア王を兼ねる		
778	シャルル，ロンスヴォーの戦い（『ローランの歌』題材）		
787	女帝イレネー，偶像崇拝を認める		
794	平安京に遷都（日本）	8C.末〜9C.初	「ケルズの書」
800	シャルル，教皇レオ3世により，ローマ皇帝として戴冠（シャルルマーニュ（カール大帝），〜814）	800	アーヘン大聖堂
814	シャルルマーニュ没，ルイ1世（敬虔王）即位（〜840）	814〜830	エジナール（アインハルト）『シャルルマーニュ伝』
815	東ローマ帝国にて偶像崇拝禁止	816〜862	ランス聖堂
829	イングランド統一		
843	東ローマ帝国にて，皇帝ミカエル3世により偶像崇拝が認められる		
〃	ヴェルダン条約により，フランク王国三分される	846	「シャルル禿頭王の第1聖書」
867	東ローマ帝国，マケドニア朝始まる（〜1081）	871〜77	「シャルル禿頭王の第2聖書」
888	ブルゴーニュ公国創建		
911	ノルマンディ公領成立	910	クリュニー修道院建立
919	ドイツ国王にザクセン大公ハインリヒ1世即位，ザクセン朝成立（〜1024）		
936	ドイツ国王オットー1世即位（〜973）		
962	オットー1世ローマ教皇により戴冠，神聖ローマ帝国（〜1806）成立		
987	フランス王にユーグ・カペー選ばれるカペー朝成立（〜1328）	10C.末	「オットー3世の福音書」
10C.末	スウェーデン王国成立	1060頃	『ローランの歌』
1054	ギリシア正教とローマ・カトリックに教会分裂	1062〜83	カン，ラ・トリニテ修道院
1066	ノルマンディー公ウィリアム，イングランド征服	1063〜1118	ピサ，聖マリア大聖堂
	ノルマン王朝成立（〜1154）	1063	ヴェネツィア，聖マルコ大聖堂着工
		1067〜13C.	聖ブノワ・シュール・ロワール修道院聖堂
		1074〜89	カンタベリー大聖堂
		1080頃	「バイユー・タピストリー」
1096	第1回十字軍，ジェノヴァ共和国成立	1096〜1132	ヴェズレー，ラ・マドレーヌ修道院聖堂
1099	十字軍エルサレムを占領，エルサレム王国建設（〜1291）		
1115	この頃フィレンツェに自治都市成立	1112〜32	オータン大聖堂

年　表

	政　治・社　会		文　化
1147	第2回十字軍（～1149）		
1152	ドイツ王フリードリヒ1世即位（～1190）	1150頃	シャルトル大聖堂西正面
〃	イギリス王ヘンリー2世即位（～1188）	1163	パリ，ノートル・ダム大聖堂着工（～12C.末）
1167	オックスフォード大学創立	1168～83	クレチアン・ド・トロワ『ランスロ』，『イヴァン』，『ペルスヴァル』など
1170	この頃パリ大学創立		
1180	フランス王フィリップ2世即位（～1223）	1175	『狐物語』
1189	第3回十字軍（～1192）		
1192	鎌倉幕府成立（日本）	1194	シャルトル大聖堂再建（～1260）
1199	イギリス王ジョン即位（～1216）	1200	『ニーベルンゲンの歌』
1202	第4回十字軍（～1204）		『オーカッサンとニコレット』
1204	第4回十字軍，コンスタンティノープル占拠		
	ラテン帝国建設（～1261）		
1209	ケンブリッジ大学創立	1211～55	ランス大聖堂
1214	オックスフォード大学創立		
1215	ジョン王，マグナ・カルタに署名		
1226	フランス王ルイ9世（聖王）即位（～1270）	1220～68	アミアン大聖堂
1228	第5回十字軍（～1229）	1228～53	アッシジ，聖フランチェスコ聖堂
		1234	ギョーム・ド・ロリス『バラ物語』一部
		1245～69	ウエストミンスター・アベイ聖堂再建
		1246～48	パリ，サント・シャペル
1248	第6回十字軍（～1254）	1248	ケルン大聖堂
1253	ソルボンヌ学寮（パリ神学校）創設		
1261	東ローマ帝国がコンスタンティノープル回復，パレオロゴス朝（～1453）		
		1269～78	ジャン・ド・マン『バラ物語』二部
1270	フィリップ3世即位（～1285）	1270～1330	ストラスブール，聖トマ聖堂
	第7回十字軍	1274	『フランス大年代記』
1271	マルコ・ポーロ東方へ旅立つ（～1295）	〃	トマス・アクィナス没（1225～）
1282	ハプスブルグ家のオーストリア支配始まる		
1285	フィリップ4世（美王）即位（～1314）	1296	「フィリップ・ル・ベルの聖務日課書」
1299	オスマン・トルコ建国	1299	マルコ・ポーロ『東方見聞録』
1302	フランス三部会成立（～1377）	13C.末	ジオット，聖フランチェスコ聖堂壁画
		1305～9	ジョワンビル『聖王ルイ物語』
1309	教皇のアヴィニョン幽囚（～1377）	1307～21頃	ダンテ『神曲』
1328	フランス，ヴァロワ朝成立，フィリップ6世（～1350）		
1337	百年戦争（～1453）		
1338	室町幕府成立（日本）	1340	『リュトレル詩篇集』
1347	ヨーロッパ各地でペスト（黒死病）の大流行（～1352）		
1350	ジャン2世即位（～1364）	1353	ボッカチオ『デカメロン』
		1352～74	ペトラルカ『勝利』
		1355頃	「ジャン2世の肖像」
1364	シャルル5世即位（～1380）	1360頃	「ジャン・ル・ボンの肖像」
		1370～1400	フロワサール『年代記』
1379	ガンを中心とするフランドル諸都市の反乱（～1382）	〃	ユスターシュ・デシャンの詩
		1373～80	タピストリー「アンジェの黙示録」
1380	シャルル6世即位	1380	「フランス大年代記」パリ国立図書館
1384	ブルゴーニュ公フィリップ豪胆公，ブル	1385～90	タピストリー「9人の騎士」

年表

	政治・社会		文化
	ゴーニュ伯領フランドル，アルトワを取得	1388 14C.後半 14C.	チョーサー『カンタベリー物語』 「ギョーム・ド・マショー作品集」 「ジャンヌ・ド・ブローニュ像」
1399	イギリス王にヘンリー4世即位，ランカスター朝（～1461）	1399～1415	クリスティーヌ・ド・ピザン活躍
1404	ブルゴーニュ公，ジャン無怖公相続		
1413	ヘンリー5世即位（～1422）	1410～20	『結婚15の歓び』
1415	ヘンリー5世，ノルマンディー占領	1415頃	ランブール兄弟「いとも豪華なる時祷書」
1419	フランス王太子シャルル，ブルゴーニュ公ジャンを謀殺 フィリップ善良公相続	1420～34	ブルネレスキ，フィレンツェ大聖堂建設
1422	シャルル6世，ヘンリー5世没．ヘンリー7英仏両王を兼ねる．百年戦争再開（1337～）	1425～50	タピストリー「狩猟」
1429	ジャンヌ・ダルクによる王太子軍，オルレアンの包囲を破る 王太子，シャルル7世として戴冠		
1431	ジャンヌ・ダルク火刑	1431	ヤン・ファン・エイク「ガンの祭壇画」
1434	フィレンツェ，メディチ家の支配始まる（～1494）	1434 1436	ヤン・ファン・エイク「アルノルフィニ夫妻の肖像」 フラ・アンジェリコ，聖マルコ修道院壁画
1450	シャルル7世，ノルマンディーを回復 この頃グーテンベルグ活版印刷術発明	1446	クリストゥス「少女像」
1453	東ローマ帝国滅亡，トルコがコンスタンティノープル占領	1453 1452～64 1455 1456～70	フーケ「シャルル7世の肖像」,「聖母子像」 フィリッポ・リッピ「ヘロデの宴」 フラ・アンジェリコ没（1387～） アルベルティ，聖マリア・ノヴェルラ聖堂
1455	イギリス，バラ戦争（～1485）		
1461	ルイ11世即位（～1483）	1461 1461頃	フランソワ・ヴィヨン『遺言詩集』 『ヘネガワの年代記』
1467	ブルゴーニュ公シャルル突進公相続（～1477）	1470頃	タピストリー「野蛮人の舞踏会」
1477	ルイ11世ブルゴーニュを併合	1474 1478	マンテーニャ，カーメラ・デリ・スポージ壁画 ボッティチェルリ「春」
1479	スペイン王国成立	1480～1502 1482	ヴァティカーノ宮 ファン・デル・フース「ボルティナーリの祭壇画」
1483	シャルル8世即位（～1498）	1485	「聖ウルスラ伝」
1485	ヘンリー7世即位（～1509），テューダー朝成立（～1603）	1480～90 1486 1486～90	タピストリー「貴婦人と一角獣」 ボッティチェルリ「ヴィーナスの誕生」 ドメニコ・ギルランダイオ「マリアの誕生」
1492	コロンブス第1回航海	1495～97	ダ・ヴィンチ「最後の晩餐」
1493	マクシミリアン1世（神聖ローマ帝国）（～1519）	1496頃	カルパッチオ「ブルターニュ王のもとに着いたイギリス使節たち」
1498	ヴァスコ・ダ・ガマ，インド航路発見 ルイ12世即位（～1515）		
1502	ヴァスコ・ダ・ガマの第2回インド航海（～1503）	1500頃	デューラーの版画

年　　表

	政　治・社　会		文　　化
1509	イギリス，ヘンリー8世（〜1547）	1509	エラスムス『痴愚神礼賛』
		1510	ボッティチェルリ没（1444〜）
1515	フランス，フランソワ1世（〜1547）	1513	マキャヴェリ『君主論』
1517	宗教改革起こる．ルター，95ケ条の論題発表	1516	トマス・モア『ユートピア』
1519	ハプスブルク家カール5世，スペイン王カルロス1世となる（〜1556）	1519	ダ・ヴィンチ没（1452〜）
〃	マガリャンイス世界周航に出発（〜1522）		
〃	マヤ，アステカ文明滅亡	1520	ラファエロ没（1483〜）
		1520頃	クルーエ「フランソワ1世像」
1524	ドイツ農民戦争起こる（〜1525）	1522	ルター訳『聖書』
1526	トルコ軍のオーストリア侵略（〜1532）	1528	デューラー没（1471〜）
1530	アウグスブルグ国会，ルター派のアウグスブルグ信条成立	1532	クラナッハ没（1472〜）
1533	インカ帝国滅亡	1533	ホルバイン（子）「大使たち」
1534	イギリス教会がローマより分離，イングランド教会成立	1534	ラブレー『ガルガンチュア物語』
		1536	エラスムス没（1469〜）
1541	ジュネーブにおけるカルヴァンの宗教改革	1539	「ヘンリー8世」
1543	ポルトガル人，種子島（日本）にきて鉄砲伝来	1543	ホルバイン（子）没（1497〜）
1547	ロシア帝国，イヴァン4世，初の皇帝と称す		
1549	ザビエル，鹿児島（日本）にキリスト教を伝える	1548	オテル・ド・ブルゴーニュ座創立
		1550頃	コメディア・デラルテ，この頃より起こる
1555	アウグスブルグの宗教会議（ルター派を承認）	1553頃	ラブレー没（1484？〜）
1556	ネーデルランド，スペイン領となる		
1558	イギリス，エリザベス1世（〜1603）		
1560	フランス，シャルル9世（〜1574）		
1562	大村氏，ポルトガルを開港（日本）		
		1564	ミケランジェロ没（1475〜）
1568	オランダ独立戦争開始（〜1648）	1568	ヨースト・アマン版画，ハンス・ザックス詩『身分と手職の本』
		〃	ブリューゲル没（1528〜）
1571	レパントの海戦（連合軍，トルコ軍に勝利）	1571	コエリヨ「スペイン王妃，オーストリアのアン」
〃	スペイン，マニラ市建設	1576	ロンドンに最初の劇場設立
1580	スペインとポルトガルの合併（〜1640）	1580	モンテーニュ『随想録』（〜1588）
1581	オランダ独立宣言		
1582	法王グレゴリウス13世の暦法改正		
1587	豊臣秀吉，キリスト教を禁止（日本）		
1589	フランスのヴァロワ，オルレアン朝（1498〜）断絶，ブルボン朝開始（〜1830）	1592	モンテーニュ没（1533〜）
		1593	作者不詳「エリザベス1世像」
1594	フランス，アンリ4世（〜1601処刑）		
1598	スペイン王フェリペ3世（〜1621）		
1598	ナントの勅令（新教徒の信仰の自由容認）		
1600	ロンドンに東インド会社設立	1600頃	イタリアオペラの初期
1601	フランス，アンリ4世ゴブラン織工場開設		

	政治・社会		文化
1602	オランダ,東インド会社設立		
1603	イギリス,ステュアート王朝(〜1714)		
〃	江戸幕府開府(日本)(〜1867)	1605	フランス初の新聞「メルキュール・ド・フランス」創刊
1604	フランスの東インド会社設立		
〃	フランス人のカナダ移民(〜1624)	1608	フランス,サロン文学全盛時代(〜1660)
1609	オランダ,平戸(日本)に商館開設		
1610	フランス,ルイ13世(〜1643),宰相リシュリュー(1624〜42)	1610	ランブイエ候夫人サロンを開く
1613	ロシア帝国ロマノフ朝(〜1917)	1614	エル・グレコ没(1541〜)
		1616	セルヴァンテス没(1547〜)
1618	三十年戦争開始(〜1648)	〃	シェークスピア没(1564〜)
1619	オランダ,ジャワにバタヴィア市建設,総督をおく	1625	ベイコン『随筆集』完成(出版1631)
1630	イギリス人のアメリカ大移動(〜1636)	1631	フランスの「ガゼット」紙創刊
1635	フランスとオランダが三十年戦争に直接参加		
1636	ハーバード大学創立		
1637	島原の乱(日本)(〜1638)	1637	デカルト『方法論序説』
1639	日本の鎖国(〜1854)	1640	ルーベンス没(1577〜)
		1641	ファン・ダイク没(1599〜)
1642	イギリスのピューリタン革命(〜1646)	1642	ガリレイ没(1564〜)
1643	フランス,ルイ14世(太陽王)(〜1715)		
〃	フランス,マザランの宰相(〜1666)		
1648	ウエストファリア条約(ヨーロッパ諸国,国際会議の初め)		
〃	神聖ローマ帝国の事実上の解体		
1649	イギリス共和制施行(〜1660)		
1651	ヴェネツィア,トルコ海軍を破る	1650	デカルト没(1596〜)
1652	第一次イギリス・オランダ戦争(〜1652)		
1659	ピレネーの和約(フランスとスペインの講和)		
1660	イギリスの王制復古(ステュアート家)	1660	スカロン没(1610〜)
		〃	ヴェラスケス「マルガリータ王女」
		〃	ヴェラスケス没(1599〜)
1661	フランス,ルイ14世の親政(〜1715)	1661	モリエール『亭主学校』
		1662	パスカル没(1592〜)
1664	第二次イギリス・オランダ戦争(〜1667)	1663	タピストリー「国王物語」(ゴブラン織)
〃	フランス,東インド会社再興		
1665	スペイン,カルロス2世(〜1700)	1666	フランス・ハルス没(1584〜)
		〃	フェルメール「手紙」
1667	フランス,ゴブラン工場,国営となる	1667	ミルトン『失楽園』
		1668	モリエール『守銭奴』
		1669	レンブラント没(1606〜)
1671	トルコ,ポーランド戦争(〜1676)	1670	モリエール『町人貴族』
1672	第三次イギリス・オランダ戦争(〜1674)	1672	フランス,「メルキュール・ガラン」誌創刊
〃	ルイ14世のオランダ侵略戦争(〜1678)	1673	モリエール没(1622〜)
〃	ルイ14世,ヴェルサイユに移る		
1679	イギリスに人身保護法成立	1680	コメディ・フランセーズの創立
1682	ロシア,ピョートル1世(〜1725)	〃	ラ・ロシュフーコ没(1613〜)
1685	ナントの勅令廃止		

年　　表

	政　治・社　会		文　　化
1689	イギリス，信仰の自由令		
〃	トルコよりハンガリー奪還		
〃	イギリス・フランス間の植民地戦争（〜1697）		
1694	イングランド銀行設立	1693	ラファイエット夫人没（1634〜）
		1696	セヴィニエ夫人没（1645〜）
		〃	ラ・ブリュイエール没（1645〜）
1699	カルロヴィッツの和（トルコがオーストリア，ポーランド，ヴェネツィアと講和，オーストリアがハンガリー確保，トルコの後退）	1699	ラシーヌ没（1639〜）
1700	北方戦争始まる（〜1721，ニスタット条約）		
1701	プロイセン王国成立（ホーエンツォレルン朝）（〜1918）	1701	スキュデリー嬢没（1607〜）
〃	スペイン（イスパニア）継承戦争（〜1714，ラシュタット条約）		
1707	イギリス，スコットランドと合同（大ブリテン国となる）		
1711	オーストリア，カール6世（〜1740）		
1714	イギリス，ハノーヴァー朝（〜現在）	1714	ヴィンケルマン『古代美術史』
1715	フランス，ルイ15世（〜1774）		
〃	オーストリア，ヴェネツィア対トルコ戦争（〜1718）		
1716	フランス国立銀行創立		
		1719	デフォー『ロビンソン・クルーソー』
		1720	ワトー「ジュルサンの看板」
		1721	ワトー没（1684〜）
		〃	モンテスキュー『ペルシア人の手紙』
1727	カンボジア船，長崎（日本）に来航	1726	スウィフト『ガリヴァー旅行記』
		1730	マリヴォー『愛と偶然のたわむれ』
1733	ポーランド継承戦争（〜1738）	1732	アベ・プレヴォー『マノン・レスコー』
1736	トルコ，ロシアがオーストリアと戦う（〜1739）	1735頃	フランス啓蒙思想（モンテスキュー，ヴォルテール，ディドロ，ルソー，ダランベールら）
1738	ウィーン条約（ポーランド継承戦争終わる）		
1740	オーストリア，継承戦争（〜1748，アーヘンの和約）	1740	シャルダン「母と子」
1745	ポンパドゥール夫人，ルイ15世の公式側室となる	1745	ホガース「結婚の風俗」
		〃	スウィフト没（1667〜）
		1747	ル・サージュ没（1668〜）
1748	ポンペイの初の発掘	1748	モンテスキュー『法の精神』
		1749	フィールディング『トム・ジョーンズ』
		1751	フランスで『百科全書』刊行開始（〜1772）
		〃	ヴォルテール『ルイ14世の世紀』
		1752	ブーシェ「ポンパドゥール夫人像」
		1753	ロンドン，大英博物館創立
1755	イギリス・フランス間の植民地七年戦争（〜1763）	1755	モンテスキュー没（1689〜）
1763	パリ条約（イギリス・フランス植民地戦争終結）	1763	アベ・プレヴォー没（1697〜）
		〃	マリヴォー没（1688〜）
1764	フランス，イエズス会解散	1764	ホガース没（1697〜）

	政治・社会		文化
〃	イギリス,砂糖条例		
〃	ハーグリーヴスのジェニー紡績機発明		
1765	ワットの蒸気機関改良		
〃	ベルリン銀行設立		
〃	日本,オランダより初めて金銀銭輸入		
1766	ロシア,ポーランドの内政に干渉	1766	ルソー『告白』
		〃	レッシング「ラオコーン」
1768	イギリス,アークライト水力紡績機発明	1768	イギリス,「エンサイクロペディア,ブリタニカ」の編集(〜1771)
1770	フランス,東インド会社解散	1770	ブーシェ没(1703〜)
〃	ルイ16世(王太子),マリー・アントワネットと結婚		
1771	ロシア船,阿波(日本)に漂着		
1772	オーストリア,プロイセン,ロシアの第一次ポーランド分割	1774	ゲーテ『若きヴェルテルの悩み』
		1775	モンテスキュー没(1703〜)
1770年代	イギリス産業革命進行	〃	ボーマルシェ『セヴィリアの理髪師』
		1776	ギボン『ローマ帝国衰亡史』
1776	アメリカ13州独立	1776	アダム・スミス『富国論』
		1777	フランス,モード誌「モニュマン・ド・コスチューム」創刊(〜1783)
		1778	フランス,モード誌「キャビネ・デ・モード,エ・コスチュームフランセ」創刊(〜1787)
		〃	ルソー没(1712〜)
		〃	ヴォルテール没(1694〜)
		〃	モロー・ル・ジューヌの風俗版画
1779	イギリス,クロンプトン,ミュール紡績機発明	1779	シャルダン没(1699〜)
		1781	カント『純粋理性批判』
		〃	ボーマルシェ『フィガロの結婚』
1783	ヴェルサイユ条約とパリ条約	1783	ダランベール没(1717〜)
〃	アメリカ独立戦争終わる(1775〜)		
1784	カートライトの力織機発明	1784	ディドロ没(1713〜)
		1785	イギリス,「タイムズ」紙発行
1789	フランス革命起こる.国民議会による人権宣言		
〃	アメリカ初代大統領にワシントン就任		
1792	フランス第一次共和制(〜1804)		
〃	ロシア使節,根室(日本)にきて通商要求		
1793	フランス,ルイ16世の処刑	1793	シラー『優美と荘重』
1795	第三次ポーランドの分割(分割完了)		
1797	イギリス船,えぞ地(日本)に来航		
1799	フランス,第一統領ナポレオン(〜1804)	1800	ダヴィット「レカミエ夫人の肖像」
1804	フランス,ナポレオン皇帝(〜1814)	1801	フラゴナール没(1732〜)
〃	ロシア使節,長崎(日本)にくる	1804	カント没(1724〜)
〃	オーストリア帝国成立	1805	シラー没(1759〜)
1806	神聖ローマ帝国滅亡(962〜)	〃	アングル「リヴィエール嬢」
		〃	ダヴィット「皇帝ナポレオンと皇后ジョゼフィーヌの戴冠式」(〜1807)
1810	ベルリン大学創立	1809	ハイドン没(1732〜)
1814	フランス,王制復古,ルイ18世(〜1824)		
〃	スティーブンソンの蒸気機関車試運転		
1815	四国同盟成立(イギリス,プロイセン,		

政治・社会	文化
〃 オーストリア, ロシア) 〃 ウィーン会議の結果, ドイツ連邦を結成 1820 イギリス, ジョージ4世 (～1830) 1822 ギリシアの独立宣言 1824 フランス, シャルル10世 (～1830) 1825 世界最初の鉄道 (ストックトン, ダーリントン間) 1830 フランス, パリ7月革命 〃 ベルギー, オランダから独立 〃 マンチェスター, リバプール間鉄道開通 1835 モールス, 有線電信機発明 1837 イギリス, ヴィクトリア女王 (～1901) 1840 アヘン戦争 (～1842) 1842 「ライン新聞」発行 1846 エリアス・ハウ, ミシンの特許 1848 フランス, パリ2月革命 (第二共和制～1852) 1851 シンガー・ミシンの開発 〃 ロンドンで第一回万国博覧会 1852 パリに大型デパート開設 1853 クリミア戦争 (～1856) 1854 日米和親条約 1860 フィオレッティによりポンペイの本格的発掘開始 1861 イタリア王国成立 (イタリアの統一) 〃 アメリカ南北戦争 (～1865) 1863 アメリカ, リンカーン奴隷開放宣言 1867 パリで万国博覧会 〃 オーストリア＝ハンガリー二重帝国成立 1868 明治維新 (日本) 1869 スエズ運河開通 1870 プロイセン・フランス戦争 (～1871) 1871 ドイツ帝国成立 〃 シュリーマン, トロイの遺跡発掘開始 (～1873)	1819 フランス, レカミエ夫人のサロン 1824 バイロン没 (1788～) 〃 ジェリコー没 (1791～) 1825 ダヴィット没 (1748～) 〃 フランス, 「フィガロ」紙創刊 1826～38 カザノヴァ『回想録』 1827 ベートーベン没 (1770～) 1828 ゴヤ没 (1746～) 1829 サン・シモン公『回想録』出版 (～1830) 1830 スタンダール『赤と黒』, メリメ『エトルリアの壺』 1832 ゲーテ没 (1749～) スコット没 (1771～) 1833 カーライル『衣服哲学』 1835 バルザック『ゴリオ爺さん』, 『谷間の百合』 1836 ディケンズ『ピクウィッククラブ』 1838 バルザック『浮かれ女盛衰記』 (～1847) 〃 ダーゲル写真術を発明 1842 スタンダール没 (1783～) 1845 メリメ『カルメン』 1846 サッカレー『虚栄の市』 1847 エミリー・ブロンテ『嵐ケ丘』, シャルロッテ・ブロンテ『ジェーン・エア』 1848 デュマ・フィス『椿姫』 1849 ラスキン『建築の七燈』 〃 ショパン没 (1810～) 1850 バルザック没 (1799～) 1851 「ニューヨーク・タイムズ」紙創刊 1852 ゴーゴリ没 (1809～) トマス・ムア没 (1779～) 1856 ハイネ没 (1797～) 1857 フロベール『ボヴァリー夫人』 〃 ボードレール『悪の華』 1861 ウィリアム・モリス, アーツ・アンド・クラフツ運動 1862 ユーゴー『レ・ミゼラブル』 1863 ドラクロワ没 (1798～) 〃 ボードレール『現代生活の画家』 1866 ドストエフスキー『罪と罰』 1867 アングル没 (1780～) 〃 ボードレール没 (1821～) 1869 トルストイ『戦争と平和』 1870 ディケンズ没 (1812～) 1874 印象派第一回展覧会 〃 コロー「青衣の女」 1875 ミレー没 (1814～), コロー没 (1796～)

	政治・社会		文化
1876	シュリーマンによるミュケナイ遺跡発掘始まる	1876	ドガ「舞台の踊子」
1877	ロシア・トルコ戦争	1877	クールベ没（1819～）
1878	ベルリン会議，パリで万国博覧会	1878	ベロー『カイユボット家の夜会』
		1879	ドーミエ没（1807～）
		〃	イプセン『人形の家』
		〃	「朝日新聞」創刊（日本）
		1880	ゾラ『ナナ』
		〃	フロベール没（1821～）
		1881	ルノワール「雨傘」（～1886）
1882	三国同盟（ドイツ，オーストリア，イタリア）成立	1882	ダーウィン没（1809～）
		1883	スティーブンソン『宝島』
		〃	マネ没（1832～），ワグナー没（1813～）
		〃	モーパッサン『女の一生』
		〃	ツルゲーネフ没（1818～）
		1884	スーラ「グランド・ジャット島の日曜日の午后」
		1885	『アラビアンナイト』バートン訳
		〃	モーパッサン『ベラミ』
		1886	「ヴォーグ」誌創刊
		〃	印象派最後の展覧会
1889	パリで万国博覧会，エッフェル塔完成	1890	ゴッホ没（1853～）
		1891	スーラ没（1859～）
		〃	ワイルド『ドリアン・グレイの肖像』
1894	ロシア・フランス同盟	1893	ワイルド『サロメ』
〃	日清戦争（～1895）	〃	モーパッサン没（1850～）
		1886	チェーホフ『かもめ』，アール・ヌーヴォー運動始まる
1896	第一回オリンピック大会（アテナイ）	1897	セセッション結成，ウィーン
		1898	マラルメ没（1842～）
		1899	トルストイ『復活』
1900	アーサー・エヴァンスによるクノッソス宮殿発掘（～1920），パリ万国博覧会	1900	ワイルド没（1854～），ニーチェ没（1844～）
1901	イギリス，エドワード7世（～1910）	1901	ロートレック没（1864～）
〃	ノーベル賞の設定		
1902	日英同盟（～1921）	1902	ゾラ没（1840～）
1904	日露戦争（～1905）	1903	ゴーリキー『どん底』
		〃	チェーホフ『桜の園』，リップス『美学』サロン・ドートンヌ創設
		1903	ゴーガン没（1848～）
1905	ロシア第一革命	1906	セザンヌ没（1839～）
1907	三国協商（イギリス，フランス，ロシア）	1907	ゴーリキー『母』
		1908	メーテルリンク『青い鳥』，ジイド『狭き門』
1910	イギリス，ジョージ5世（～1936）	1910	トルストイ没（1828～）
1914	第一次世界大戦（～1918）		
	パナマ運河開通		
1917	ロシア10月革命，ソヴィエト連邦成立	1917	ドガ没（1834～）
		〃	ロダン没（1840～）
		1918	クリムト没（1862～）
1919	ヴェルサイユ条約，ドイツ共和国成立	1919	ルノワール没（1841～）
		〃	モーム『月と六ペンス』，ヘッセ『田園交響楽』

	政治・社会		文化
		〃	バウハウス創立
1920	国際連盟成立	1920	アラン『芸術論集』, モジリアニ没 (1884〜)
1922	エジプト独立	1922	ルネ・マルグリット『ガルソンヌ』
〃	ソヴィエト連邦の樹立宣言	1924	レーニン没 (1870〜), カフカ没 (1883〜)
1923	トルコ共和国宣言		
1925	パリ万国博覧会, テレビジョン発明	〃	トーマス・マン『魔の山』
		〃	プッチーニ没 (1858〜)
1929	世界大恐慌始まる	1928	ロレンンス『チャタレイ夫人の恋人』
1930	ロンドン軍縮会議		
1931	スペイン共和国成立	1931	パールバック『大地』
1934	ドイツ, ヒットラー総督となる. ナチス独裁始まる		
1936	イギリス, エドワード8世, ジョージ6世 (〜1952)	1936	ミッチェル『風と共に去りぬ』
		〃	ゴーリキー没 (1868〜)
1939	第二次世界大戦 (〜1945)	1940	ヘミングウェイ『誰がために鐘は鳴る』
		1942	カミュ『異邦人』
1945	国際連合成立	1944	ムンク没 (1863〜)
1946	国連第一回総会開催 (ロンドン)	〃	モンドリアン没 (1872〜)
1949	北大西洋条約調印		
1951	世界平和評議会総会		
1952	イギリス, エリザベス2世即位	1952	アラン没 (1868〜), ジイド没 (1869〜)
		1954	マチス没 (1869〜)
1955	ジュネーヴ4カ国巨頭会談 (アメリカ, イギリス, フランス, ソ連)	1955	ユトリロ没 (1883〜)
1957	ヨーロッパ共同市場 (EEC), 原子力共同体 (EURATOM) 条約調印		
1960	世界81カ国共産党, 労働者党代表者会議		
1961	ソ連人間衛星船1号成功, 米ソ首脳会談	1963	ジャン・コクトー没 (1889〜)
1966	ヨーロッパ共同体 (EC) 発足, ヴェトナム戦争激化		
1969	アメリカ, 宇宙船アポロ11号の月着陸		
1972	ヴェトナム和平協定調印, ヴェトナム戦争終結	1972	第17回ユネスコ総会にて世界遺産条約採択
		1973	ピカソ没 (1881〜)
1975	第1回先進国首脳会議 (ランブイエ)	1977	パリにてポンピドゥーセンター開館
		1985	シャガール没 (1887〜)
1989	ベルリンの壁崩壊 マルタ会談 (米・ソ), 冷戦終結	1989	ダリ没 (1905〜)
1990	東西ドイツ統一, ドイツ連邦共和国成立		
1991	ソ連消滅, CIS成立		
1993	チェコスロヴァキア, 分離・独立 マーストリヒト条約発効, ECはEU (ヨーロッパ連合) となる		

歴史地図

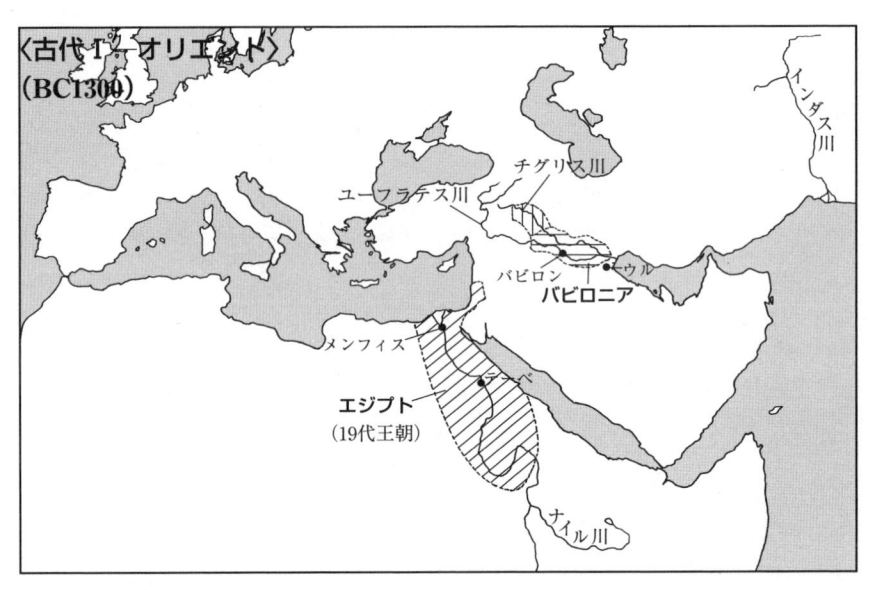

〈古代Ⅰ―オリエント〉(BC1300)

- インダス川
- チグリス川
- ユーフラテス川
- バビロン
- ウル
- バビロニア
- メンフィス
- エジプト(19代王朝)
- ナイル川

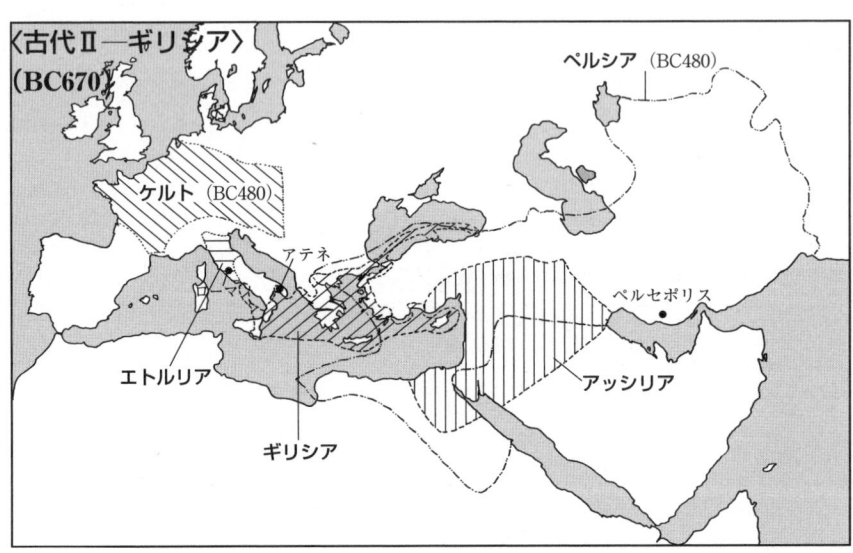

〈古代Ⅱ―ギリシア〉(BC670)

- ペルシア(BC480)
- ケルト(BC480)
- アテネ
- ペルセポリス
- エトルリア
- アッシリア
- ギリシア

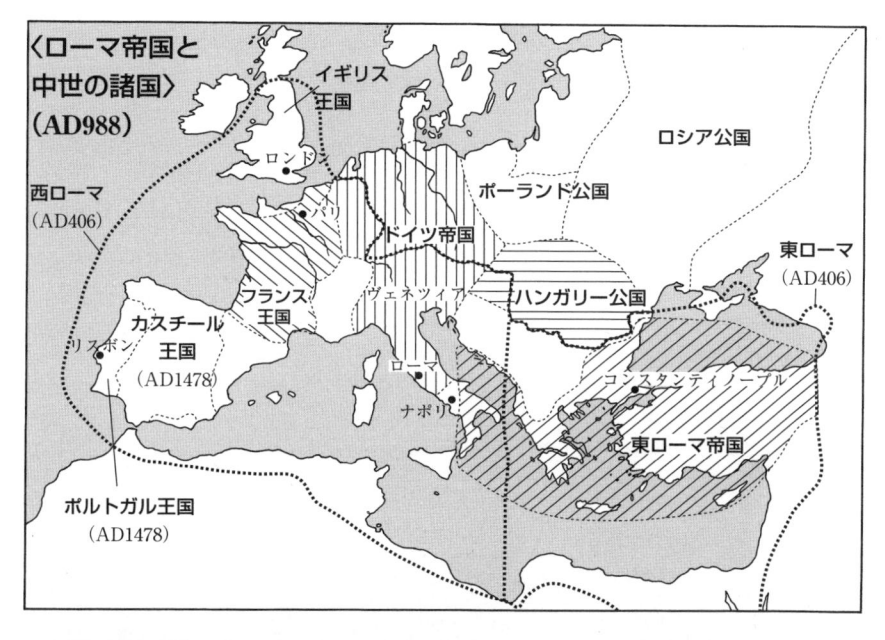

歴 史 地 図

〈ローマ帝国と中世の諸国〉（AD988）

西ローマ（AD406）
イギリス王国
ロンドン
パリ
ロシア公国
ポーランド公国
ドイツ帝国
フランス王国
ヴェネツィア
ハンガリー公国
東ローマ（AD406）
カスチール王国（AD1478）
リスボン
ローマ
ナポリ
コンスタンティノープル
ポルトガル王国（AD1478）
東ローマ帝国

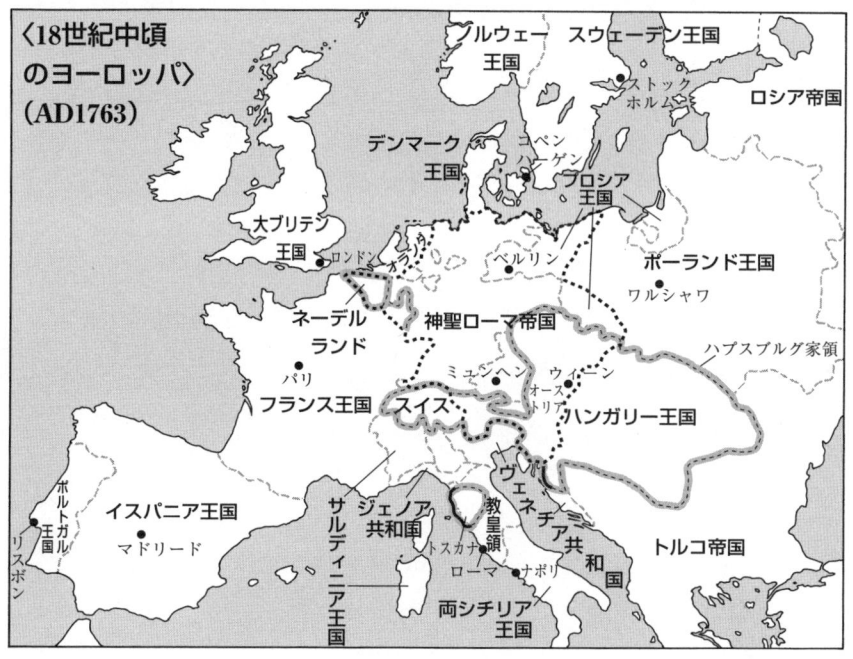

〈18世紀中頃のヨーロッパ〉（AD1763）

ノルウェー王国
スウェーデン王国
ストックホルム
ロシア帝国
デンマーク王国
コペンハーゲン
プロシア王国
大ブリテン王国
ロンドン
ベルリン
ポーランド王国
ワルシャワ
ネーデルランド
神聖ローマ帝国
ハプスブルグ家領
パリ
ミュンヘン
ウィーン
オーストリア
フランス王国
スイス
ハンガリー王国
ポルトガル王国
リスボン
イスパニア王国
マドリード
ジェノア共和国
サルディニア王国
トスカナ
教皇領
ローマ
ヴェネチア共和国
ナポリ
トルコ帝国
両シチリア王国

文　　献

■第1章
石田かおり：化粧せずには生きられない人間の歴史，講談社，2000
リチャード・コーソン（石山　彰監修）：メークアップの歴史―西洋化粧文化の流れ―，ポーラ文化研究所，1982
五味　亨訳：イナンナの冥界下り，古代オリエント集，筑摩世界文学大系，筑摩書房，1978
酒井傳六：古代エジプト人の肌色と美，化粧文化 No.15，ポーラ文化研究所，1986
M. ダヴェンポート（元井　能監修）：服装の書2，関西衣生活研究会，1992
丹野　郁：西洋服飾発達史3，光生館，1958
深井晃子監修：世界服飾史，美術出版社，1999
屋形禎亮訳：シヌへの物語，古代オリエント集，筑摩世界文学大系，筑摩書房，1978

■第2章
アリストパネース（高津春繁訳）：女の平和，世界古典文学全集，筑摩書房，1964
ヘロドトス（松平千秋訳）：歴史，世界古典文学大系，筑摩書房，1967
ホメーロス（呉　茂一訳）：イーリアス上，中，下，岩波文庫，1982
マールティアーリス（藤井　昇訳）：エピグランマタ，慶應義塾大学言語文化研究所，1973
M.G. Houston : Ancient Greek, Roman and Byzantine Costume and Decolation (2nd ed.), Adam & Charles Black, London, 1954

■第3章
アインハルト（国原吉之助訳）：カール大帝伝，筑摩世界文学大系・中世文学集2，筑摩書房，1966
カサエル（近山金次訳）：ガリア戦記，岩波文庫，1970
タキトゥス（田中秀央，泉井久乃助訳）：ゲルマーニア，岩波文庫，1970
M.G. Houston : Ancient Greek, Roman and Byzantine Costume and Decolation (2nd ed.), Adam & Charles Black, London, 1954

■第4章
ウィリアム・ウィルフォード（高山　宏訳）：道化と笏杖，晶文社，1983
イーニッド・ウェルズフォード（内藤健二訳）：道化，晶文社，1979
デシデリウス・エラスムス（大河内一男訳）：世界の名著17　エラスムス，中央公論新社，1980
佐藤輝夫訳：ローランの歌，筑摩世界文学大系・中世文学集1，筑摩書房，1962
菅原珠子：絵画・文芸にみるヨーロッパ服飾史，朝倉書店，1991
ヂェフリー・チョーサー（西脇順三郎訳）：カンタベリー物語，古典文学大系，筑摩書房，1968
水谷由美子：道化服飾における性格的なるもの―「阿呆船」を中心に―，服飾美学会誌，13，45－62，1984
水谷由美子：道化服飾の性格的なるもの―ニュンベルクのシエンバルトラフを事例として―，

　　　　　　　　　　　文　　献

　　　成安女子短期大学紀要，28，69-76，1990
M. Beaulieu et J. Baylé : Le Costume En Bourgogne, PUF, Paris, 1956
J. Evans : Dress in Mediaeval France, Oxford, London, 1952
M.G. Houston : Medieval Costume in England & France, Adam & Charles Black, London, 1979
Court Magazine, 1840, 1838
Dresses & Decorations of the Middle Ages, vol.1

■第5章
ヨースト・アマン，ハンス・ザックス（小野忠重解題）：西洋職人づくし，岩崎美術社，1970
安蔵裕子：神戸市立博物館所蔵「泰西王侯騎馬図」の系譜について―服飾描写の視点から―，
　　国際服飾学会誌，16，143-164，1999
バルダッサーレ・カスティリオーネ（清水純一ほか訳）：カスティリオーネ宮廷人，東海大学出
　　版会，1987
菅原珠子・佐々井啓：西洋服飾史，朝倉書店，1988
高橋康也：道化の文学―ルネサンスの栄光―，中央公論社，1977
丹野　郁：南蛮服飾の研究―西洋衣服の日本衣服文化に与えた影響―，雄山閣，1993
アーヴィン・パノフスキー（中森義宗・清水　忠訳）：ルネサンスの春，新思索社，1988
ジョン・ハーヴェイ（太田良子訳）：黒服，研究社，1997
深井晃子監修：世界服飾史，美術出版社，1998
J. アンダーソン・ブラック，マッジ・ガーランド（山内沙織訳）：ファッションの歴史　上，
　　パルコ出版，1993
水谷由美子：宣教師が見た日本における南蛮服飾の受容について―16世紀後半から17世紀初
　　頭を中心に―，国際服飾学会誌，21，25-43，2002
ラブレー（渡辺一夫訳）：ガルガンチュワ物語，世界文学大系，筑摩書房，1968
J. Arnold : Queen Elizabeth's Wardrobe, Maney, London, 1988
F. Boucher : A History of Costume in the West, Thames and Hudson, 1996
Hall's Chronicle : The History of England, Ams Press, New York, 1965
R.H. Kemper : A History of Costume, Newsweek Books, New York, 1963
J. Laver : Costume and Fashion : A concise history, Thames and Hudson, 1995
F. Rabelais : Gargantua and Pantagruel, Alfred a Knopf, 1994
C. Phillips : Jewelry from Antiquity to the Present, Thames and Hudson, 1997

■第6章
小津次郎・小田島雄志編：エリザベス朝演劇集，筑摩書房，1974
ベン・ジョンソン（大場健治訳）：錬金術師，南雲堂，1975
M. ダヴェンポート（元井　能監修）：服装の書2，関西衣生活研究会，1992
サミュエル・ピープス（臼田　昭訳）：サミュエル・ピープスの日記第1巻（1660年），国文
　　社，1987
サミュエル・ピープス（臼田　昭訳）：ピープス氏の秘められた日記，岩波書店，1987
ラ・ブリュイエール（関根秀雄訳）：カラクテール上，中，下，岩波文庫，1977
モリエール（鈴木力衛訳）：亭主学校，モリエール全集2，中央公論社，1973
山村明子：17世紀前半オランダ服飾についての一考察，国際服飾学会誌，11，1993

■第7章
飯塚信雄：ポンパドゥール侯爵夫人　ロココの女王，文化出版局，1980
飯塚信雄：ロココの時代―官能の18世紀―，新潮社，1986
石山　彰：染織と衣裳，大系世界の美術17巻　ロココ美術，pp.334-337，学習研究社，1972
伊藤紀之：ファッション・プレートへのいざない，フジアート出版，1991
岩崎恵子：18世紀から19世紀の捺染布，ファッション文化研究誌・装苑アイ，No.4，p.24，1991
セレスタン・ギタール（河盛好蔵訳）：フランス革命下の一市民の日記，中央公論社，1980
木下哲夫訳：The Art Book 世界の美術家500，美術出版社，1998
窪田般彌：ヴェルサイユの苑―ルイ15世をめぐる女たち―，白水社，1989
窪田般彌：物語マリー・アントワネット，白水社，1994
佐々井　啓：啓蒙思想にみられる服飾観―ヴォルテール，ディドロ，ルソーを中心に―，日本家政学会誌，**45**（5），47-55，1994
菅原珠子・佐々井　啓：西洋服飾史，朝倉書店，1988
高階秀爾監修：西洋美術史，美術出版社，1990
R.L. ピセツキー（池田孝江監修）：モードのイタリア史，平凡社，1987
深井晃子監修：世界服飾史，美術出版社，1998
深井晃子・坂本　満：ロココ美術と服飾，世界美術大全集18巻　ロココ　月報，pp.2-5，小学館，1998
J. アンダーソン・ブラック，マッジ・ガーランド（山内沙織訳）：ファッションの歴史　上，パルコ出版，1993
J. プルースト監修：フランス百科全書絵引，平凡社，1985
水谷由美子：18世紀ヴェネツィアにおけるバウタの仮装―ピエトロ・ロンギの作品を中心に―，服飾美学会誌，28，47-63，1999
水谷由美子：カサノーヴァの「回想録」に見られる仮装と遊び―ピトッキとドミノについて―，服飾美学会誌，32，49-64，2001
ジャン・ジャック・ルソー（松本　勤訳）：新エロイーズ，ルソー全集9，白水社，1979
ジャン・ジャック・ルソー（小林善彦訳）：告白，ルソー全集1，白水社，1979
渡辺俊夫：シノワズリー，世界美術大全集18巻　ロココ，pp.313-320，小学館，1998
F. Boucher : A History of Costume in the West, Thames and Hudson, 1996
J. Chalon : Chère Marie-Antoinett, Librairie Académique perrin, 1988
C. Didrot et J.L.R.D'Alembert : L'Encyclopédie on Dictionaire raisonné des science des art des métiers, Vol. II, Pergamon Press, 1969
R.H. Kemper : A History of Costume, Newsweek Books, New York, 1963
J. Laver : Costume and Fashion : A concise history, Thames and Hudson, 1995
E. Lever : Marie Antoinette, journal d'une reine, Robert Laffont, Paris, 2002
A. Ribeiro : Dress in Eighteenth Century Europe, Yale University Press, New Haven and London, 2002
J.C. de Seingalt : Histoire de ma Vie, Vol.2, Robert Laffont, 1997（J. カザノヴァ（窪田般彌訳）：カサノヴァ回想記1～12巻，河出書房新社，1995）
Victoria and Albert Museum : Barbara Johnson's Album of Fashions and Fabrics, Thames And Hudson, London, 1987

Court Magazine, 1840
Fashion of London and Paris, vol.2, 1798-1802, No.42.3.
Modes and Manners, vol.1

■第8章
フィリップ・アリエス（杉山光信・杉山恵美子訳）：子供の誕生，みすず書房，1987
L.M.オルコット（吉田勝江訳）：若草物語，角川書店，1973
L.M.オルコット（吉田勝江訳）：第四若草物語，角川書店，1994
ハンフリー・カーペンター，マリ・プリチャード（神宮輝夫監訳）：世界児童文学百科，原書房，1999
トマス・カーライル（宇山直亮訳）：衣服の哲学，日本教文社，1962
好田由佳：19世紀末ローンテニスにみる装いと身体，服飾美学，27，85-100，1998
好田由佳：女性用テーラード・スーツの流行—19世紀末イギリスを中心に—，国際服飾学会誌，22，22-39，2002
小町谷寿子：19世紀後半アメリカにおける男性用既製服認識の変化について—新聞広告に基づく分析調査の提案—，名古屋女子大学紀要 家政・自然編，48，1-7，2002
坂井妙子：ウエディングドレスはなぜ白いのか，勁草書房，1997
先川直子：19世紀前半のイギリスにおける女子服上衣—スペンサーを中心に—，国際服飾学会誌，11，122-141，1994
佐々井 啓：19世紀後半の女性の脚衣—ブルーマーから自転車服へ—，服飾美学，18，115-134，1989
佐々井 啓：オスカー・ワイルドの服飾—その装いと意識—，服飾美学，26，137-152，1997
ウィリアム・サッカレー（三宅幾三郎訳）：虚栄の市，河出書房，1951
寒川恒夫：図説スポーツ史，pp.140-142，朝倉書店，1991
アニタ・ショルシュ（北本正章訳）：絵で読む子供の社会史，新曜社，1992
菅原珠子・佐々井 啓：西洋服飾史，朝倉書店，1988
ジェシカ・デーヴス（坂 隆博訳）：アメリカ婦人既製服の奇跡，ニットファッション，1969
バルザック（生島遼一訳）：幻滅上，下，バルザック全集第11巻，12巻，東京創元社，1974
M.ハンチャー（石毛雅章訳）：アリスとテニエル，東京図書，1997
深井晃子監修：世界服飾史，美術出版社，1998
深井晃子：ジャポニスム・イン・ファッション 海を渡ったキモノ，平凡社，1994
J.アンダーソン・ブラック，マッジ・ガーランド（山内沙織訳）：ファッションの歴史下，パルコ出版，1985
フローベール（生島遼一訳）：ボヴァリイ夫人，新潮文庫，1974
南 静：パリモードの200年，文化出版局，1975
横山寿子・酒井清子：19世紀後半のアメリカにおける衣生活—ミシンの導入をめぐって—，日本服飾学会誌，15，116-123，1996
横山寿子：19世紀後半アメリカにおける紳士服産業，名古屋女子大学紀要 家政・自然編，44，65-77，1998
ジャン・ジャック・ルソー（樋口謹一訳）：エミール，白水社，1980
F. Boucher : Histoir du Costume, Flammarion, Paris, 1965
C.W. Cunnington : English Women's Clothing in the Nineteenth Century, Faber, London, 1952

C.W. Cunnington : English Women's Clothing in the 19th Century, 309-370, Dover, London, 1990
J.E. Jones and J.F. Gladstone : The Alice Companion, New York University Press, 1998
R. Kiger ed.: Kate Greenaway (exhibition catalogue), Hunt Institute for Botanical documentation, 1980
J. Laver : A Concise History of Costume, Thames and Hudson, London, 1969
R. See : Le Costume de la Révolution a nos Jour, Édition de la Gazette des Beaux-Arts, Paris, 1929
M. Sicel : History of Children's Costume, Batsford Academic and Education, London, 1985
M.H. Spielmann and G.S. Layard : Kate Greenaway, Adam & Charles Black, 1905
O. Uzanne : Les Modes de Paris 1797～1897, Société française d'Édition d'Art, Paris, 1898
Punch, or the London Charivari, 1951 （日本女子大学図書館蔵）
Femina, 1903
Journal des Dames, 1849
Journal des Demoiselles, 1883
Illustrated London News, 1851
La Mode Illustrée, 1877
Ladies' Museum, 1830
Le Costume de la Révolution à Nos Jours, 1865
Les Modes de Paris, 1834, 1861, 1868
Petit Courrier des Dames, 1841, 1842, 1858

■第 9 章
ジウリア・ヴェロネージ（西澤信彌・河村正夫訳）：アール・デコ＜一九二五年様式＞の勝利と没落，美術出版社，1972
ベティ・カーク（東海晴美訳）：ヴィオネ，求龍堂，1991
川中美津子：ベル・エポックの服飾（1）―ポール・ポワレとアール・ヌーヴォー―，服飾美学，13，80-96，1984
川中美津子：コルセットからの解放―ポール・ポワレを支えたもの―，京都女子大学被服学雑誌，**32**（1），p.20-26，1984
北山晴一：衣服は肉体になにを与えたか，朝日新聞社，1999
北山晴一・村田仁代：芸術・遊び・夢としてのモード，現代モード論，放送大学教育振興会，2000
日本ファッション教育振興協会編著：ユニバーサルファッション概論，日本ファッション教育振興協会，2002
能澤彗子：二十世紀モード―肉体の解放と表出―，講談社，1994
イヴォンヌ・ブリュナメエル（竹内次男訳）：1925 様式/アール・デコの世界，図版 No.15，p.45，岩崎美術社，1987
アーヴィング・ペン：三宅一生の仕事への観点，求龍堂，1999
南　静：パリ・モードの 200 年，文化出版局，1975
三宅一生：三宅一生の発想と展開，平凡社，1978
三宅一生：ボディワークス，小学館，1983
三宅一生，アーヴィング・ペン，ノグチ・イサム：三宅一生，リブロポート，1988
村上憲司：概説西洋服飾史，関西衣生活研究会，1982

ポール・モラン（秦　早稲子訳）：獅子座の女シャネル，文化出版局，1978
ブリュノ・デュ・ロゼル（西村愛子訳）：20世紀モード史，平凡社，1995
C. Breward : The Culture of Fashion, p.180, 181, Manchester University Press, Manchester, 1995
E. Carter : The Changing World of Fashion, p.214 , Weidenfeld and Nicolson, Lomdon, 1977
P. Iribe : Les Robes de Paul Poiret, 1908
Histoires du jeans : de 1750 à 1994, Palais Galliera Musée de la Mode et du Costume, 1994
D. de Marly : The History of Haute Couture 1850 〜 1950, p.49, B T Batspord, London, 1980
V. Mendes : Amy de la haye, 20th Century Fashion, Thames and Hudson, 1999
R. Schmutzler : Art Nouveau, No.131, p,128, Harry N.Abrams, New York, 1962
C. Seeling : Fashion: The Century of the Designer, 1900 〜 1999
V. Steele : Fifty Years of Fashion: New look to now,Yale University press, 2000
P. White : Poiret, p.45, Studio Vista, London, 1973
American Vogue, 1920 〜 1950
Harper's Bazaar, 1945 〜 1960
Journal des Dames et des Modes, 1912
Vogue France, 1920 〜 1995
Young Lady's Journal, 1907

索 引

ア 行

アクリル系繊維 150
アスコットタイ 108
頭かき棒 94
新しい女性 127
アッシリア 3
アドリアンヌ 86
アビ 80
アビ・ア・ラ・フランセーズ 80
アマン,ヨースト 57
アリストパネース 16
アルスター 108
アール・デコ 137
アール・ヌーヴォー 136
アングロマニ 84
アンクロワイヤブル 97
アンディエンヌ 78
アンリ2世 57

イヴニングコート 147
イオニア式 14
イギリス趣味 84
イメージ 154
インヴァネス 108

ヴァトー,アントワヌ 86
ヴァトー・ローブ 87
ヴィオネ,マドレーヌ 142, 144
ヴィクトリア女王 117, 119
ウィンプル 31
ヴェスト 67, 79, 81
ウエストコート 103, 147
ヴェッチェリオ,チェーザレ 57
ウエディングドレス 117
ヴェネツィア 44
ヴェール 24, 31, 117
ヴェルサイユ宮殿 77
ヴェルチュガダン 50, 69, 87
ウォルト,シャルル・フレデリック 115, 137, 144
ウージェニー 101, 113
打紐飾り 67
ウプランド 38
ウーマンリブ 151
ウル 2

エクソミス 12
エジプト 5
Sカーブライン 138
エスニックファッション 154
エトルリア 16
『エピグランマタ』 19
エプロン 11
エポーレット 53
エリザベスⅠ世 52
エンパイアスタイル 93
燕尾服 105

オートクチュール 115, 141, 143
オー・ド・ショース 49
オランダ絵画 61
織物 23
オルレアン公フィリップ 77
『女の平和』 16

カ 行

外套 106
カヴァリエブーツ 65
カウナケス 2
ガウンタイプのローブ 73
カエサル 26
かぎ煙草入れ 75
掛衣 2
カサック 67, 84
カシミヤショール 98, 110
カスティリオーネ,バルダッサーレ 57
仮装 78
かつら 7, 85
カトリーヌ・ド・メディシス 53, 57
カヌズー 98, 110
カフス 60
髪白粉 93
カーライル,トマス 104
『カラクテール』 74
カラコ 91
カラシリス 8
ガリア 25
『ガリア戦記』 26
『ガルガンチュア物語』 48
カール5世 56
カール大帝 28, 32
カルソン 70
カルマニョル 95
カルロス1世 46, 57
ガロッシュ 41
川上貞奴 131
かんかん帽 109
『カンタベリー物語』 34
カンディス 5
冠 7

既製服 132
既製服産業 103
キトン 12
絹織物工業 78
機能性 145
機能性素材 157
ギブソンガール 140
KIMONO 130
キモノ袖 132
キャップ 41
キャノン 66
ギャラントリー 75

キャリック 99
ギャルソンヌスタイル 141
キュロット 68, 79, 82
ギリシア 10
ギリシア風ドレス 132
ギリシア文化 12

鎮帷子 30
クチュリエール 141
クチュール経営者組合 143
グーツムーツ 124
クノッソス宮殿 11
クライナ 15
クラヴァット 68, 81, 103
クラヴィ 20, 22
クラミス 15
グランジ調 157
グリナウェー, ケート 124
クリノリン 111
クレージュ, アンドレ 150
クレタ 10
グレートコート 106
クレメンス7世 57
黒のモード 57
黒の流行 58
クワント, マリー 150

毛皮 55
ゲートル 27
『ゲルマーニア』 27
ゲルマン 25

合成繊維 149
合理服協会 124
腰衣 2, 10
古代風ローブ 98, 109
コタルディ 35
コット 33
コーディネート 153
子供服 120
コム・デ・ギャルソン 155
コール・ア・バレネ 70, 72, 87
コルセット 70, 138
コルレット・フレーズ 53
コロビウム 24
コンビネゾン 142
コンフェクション 149

サ 行

サイクリング 128
サグム 21
サックガウン 86
サッカレー, ウィリアム 104
ザックス, ハンス 56
サボ袖 90
『サミュエル・ピープスの日記』 69
サロン 79
サン・キュロット 95
サンダル 7
サンローラン, イヴ 149

シェーンズ 31
シェンティ 5
仕着せ 42
ジゴ袖 109, 138
シノワズリ 78
ジャケット 37
奢侈禁止令 46
シャツウエスト 135
ジャック 37
シャプロン 41
ジャボ 66
ジャポニスム 129
シャルルマーニュ 28, 32
ジュストコール 67, 79
ジュープ 51, 69, 70
シュミーズ 47, 70
シュミーズ・ア・ラ・レーヌ 92
シュミーズドレス 98, 109
シュメール 1
シュルコ 33, 36
シュルコ・トゥヴェール 35
シュンテシス 20
乗馬服 127
ショース 31, 40, 83
女性裁縫師 141
女性デザイナー 144
ジョゼフィーヌ 110
ジョーベ 48
ショール 113
ジョンソン, バーバラ 92
シルクハット 106
ジレ 81

新合繊 155
紳士服 104
真珠 55
ジーンズ 151
神聖ローマ帝国 56

垂直構造 45
水平構造 45
水兵服 124
頭巾 7
スチリスト 149
スーツ 147
ステッキ 75
ストック 105
ストマッカー 52, 89
ストラ 21, 23
ストリートファッション 157
スニーカー 158
スペインモード 57
スペンサー 98
スポーツファッション 158
スポーツ服 125
ズボン 21
スラッシュ 50, 53
スワドリング 120

扇子 75, 90
扇子言葉 90

装飾芸術 139

タ 行

ダイヤモンド 90
タキトゥス 27
タピストリー 37
タブリオン 23
ダブレット 47, 59, 63
ダルマティカ 21, 22, 24
ダンディ 103
ダンディズム 103

チェスターフィールド 108
チャジブル 24
チョーサー, ヂェフリー 34
チョピン 54

ツイード 145
つけぼくろ 74

索　引

ツタンカーメン　8

ディオール，クリスチャン　146
ティツィアーノ　57
ディナージャケット　107, 147
デコルテ　71
デコンストラクション　153
デザイナーズブランド　156
デシャン　36
デパート　102
手袋　75
テュニック　4
テュロスの紫　19
テーラードスーツ　114, 125
テールコート　105

道化　42
トゥニカ　17, 20, 22, 27
東洋趣味　78, 93
トガ　17, 18
トーク型　54
トップコート　106
トップハット　105
ドミニコ修道会　58
トラウザーズ　103, 124
ドーリア式　14
トリコルヌ　85
トレーン　71

ナ 行

長靴　60
南蛮服飾　45

ニッカーボッカーズ　107
ニット製の靴下　68
日本趣味　129
ニュートラファッション　154
ニュールック　146

ネグリジェ　90

ノーフォークジャケット　107

ハ 行

ハイテク技術　157
バイヤー　143
バイヤスカット　142

バイユー・タピストリー　29
パエヌラ　20
パキャン，ジャンヌ　144
バクラム　81
バスキーヌ　50
バスク　47
バッスル　113
バッスルスタイル　113
ハット　41, 110
パニエ　87
パニエ・オ・クード　87
バビロニア　1
ハプスブルグ帝国　56
パフスリーブ　37, 138
パラソル　75, 93, 114
パリウム　20, 23
パリ万国博覧会　129
バルザック，オノレ・ド　108
バルダメントゥム　21, 23
バルラ　21, 23
バルーンスリーブ　138
バレンシアガ，クリストバル　147
バロック様式　62
パワースーツ　155
ハンカチーフ　75
パンク　157
パンクファッション　155
パンタレット　122
パンタロン　95, 152
パンチ　113, 126
パンツ　152
パンツスーツ　155
パンツルック　145, 152
ハンティングハット　107

東ローマ帝国　22
ピーコック革命　153
ビッグファッション　153
ヒッピー　151
美的ドレス　116
ピープス，サミュエル　69
ヒマティオン　16
『百科全書』　82
ビレッタ　54
ビング，サミュエル　136

ファッションイメージ　155
ファッション雑誌　133
ファッション写真　143
ファッションドール　88
ファッション・プレート　115
ファト，ジャック　148
V・Aライン　52
フィッシュ　110
フィレンツェ　44
フェリペ2世　58
フェロニエール　55
フォンタンジュ風　73
服装の規範　144
ブーシェ，フランソワ　89
『冬に対する勧告』　36
ブラカエ　21, 22, 27
ブラゲット　50
フラッパー　141
フランク王国　27
『フランス革命下の一市民の日記』　95
フランソワ1世　49, 57
ブランメル，ジョージ　103
ブリオー　31
フリーゲル　60
フリジアン・ボネット　41
ブリーチズ　49, 59, 63, 103
プリーツ　159
プリーツスカート　122
ブリリアントカット　90
プリンセスライン　114
ブルゴーニュ公国　58
ブルジョワジー　101
フルボトムウィッグ　65
プールポワン　36, 47
ブルーマーズ　125
ブルーマースタイル　128
ブルーマー夫人　124
ブルーメリズム　124
ブレー　31, 40
プレ・タ・ポルテ　148
プーレーヌ　41
フロック　82, 83, 105
フロックコート　106
フローベール，ギュスターブ　112

索引

ペチコート・ブリーチズ 64
ベビーブーム 151
ペプロス 13
ベリー公 38
ペリュック・ア・ヌー 85
ペリュック・ア・ブールス 85
ベル・エポック 136
ペルシア 4
ペルセポリス 4
ヘレニックドレス 139
ヘロドトス 14
ヘンリー8世 49

ホガース，ウイリアム 86
ほくろ 93
ホーザ 21, 27, 40, 47
ボタン 85
ボディーコンシャス 155
ホニトンレース 118
ボネット 41
ホメロス 13
ポリアミド繊維 149
ポリウレタン 150
ポリエステル繊維 150
ボルジア，ルクレツィア 58
ポワレ，ポール 132, 139
ボンネット 110
ポンパドゥール侯爵夫人 77, 89
ポンペイ 18

マ 行

マキシ 151
マスク 74
マスファッション 159
マフ 75
マムルク袖 100
マリー・アントワネット 77, 91
マルガリータ王女 70
マールティアーリス 19
マント 32
マント・ド・クール 100

ミシン 102, 132
ミディ 151
ミニスカート 150
ミ・パルティ 41
三宅一生 156
ミュケナイ 11
ミュスカダン 97
ミュール 54

メイルオーダー 133
メソポタミア 1
メゾン 143
メディア服 5
メルベイユーズ 97

モスリン 98
モッズルック 153
モード雑誌 94, 115, 141
モーニングコート 107, 147
モリエール 64
紋章 42

ヤ 行

ヤッピー 155
山高帽 109
山本耀司 155

ユサール風 100
ユニセックスファッション 151
ユニバーサルデザイン 159
ユニバーサルファッション 158

ラ 行

ライセンス契約 148
ライディングコート 83
ライフスタイル 146
ラヴェンナ 25
ラウンジスーツ 107
ラグラン型コート 108
ラケルナ 20
ラフ 48, 53, 60
ラ・ブリュイエール 74
ラブレー，フランソワ 48, 50
ランヴァン，ジャンヌ 144
ラングラーヴ 63

立体構成 144
立体裁断 144
リナシータ 44
リネン 53
リバティー商会 129
リボン 63, 75
リボン飾り 73
リヨン 78
リリピプ 41

ルイ14世 62, 77
ルイ15世 77
ルイ16世 77
ルソー，ジャン・ジャック 84, 121
ルダンゴット 83, 98, 110
ルネサンス 44

レース 53, 80
レドファン 127

ロカイユ 77
ロココ 77
ローブ 38, 50, 61, 69, 70
ローブ・ア・ラ・シルカシェンヌ 90
ローブ・ア・ラ・フランセーズ 88
ローブ・ア・ラ・ポロネーズ 90
ローブ・ア・ラ・ルダンゴット 91
ローブ・ヴォラント 86
ローブ・ド・シャンブル 72
ローマ 16
ロマン主義 110
『ローランの歌』 32
ロールム 23
ローンテニス 126

ワ 行

ワイルド，オスカー 106, 116
『若草物語』 134

編著者略歴

佐々井　啓（ささい けい）
1946年　東京都に生まれる
1969年　お茶の水女子大学大学院
　　　　修士課程修了
現　在　日本女子大学家政学部教授

シリーズ〈生活科学〉
ファッションの歴史 ―西洋服飾史―　　定価はカバーに表示

2003年 4 月25日　初版第 1 刷
2022年 8 月 5 日　　　第 14 刷

編著者　佐々井　　啓
発行者　朝　倉　誠　造
発行所　株式会社 朝　倉　書　店
　　　　東京都新宿区新小川町6-29
　　　　郵便番号 162-8707
　　　　電話 03 (3260) 0141
　　　　FAX 03 (3260) 0180
　　　　http://www.asakura.co.jp

〈検印省略〉

© 2003〈無断複写・転載を禁ず〉　　Printed in Korea

ISBN 978-4-254-60598-3　C 3377

JCOPY　〈出版者著作権管理機構 委託出版物〉

本書の無断複写は著作権法上での例外を除き禁じられています．複写される場合は，そのつど事前に，出版者著作権管理機構（電話 03-5244-5088, FAX 03-5244-5089, e-mail: info@jcopy.or.jp）の許諾を得てください．

日本家政学会編

新版 家政学事典

60019-3 C3577　　　　B5判 984頁 本体30000円

社会・生活の急激な変容の中で，人間味豊かな総合的・学際的アプローチが求められ，家政学の重要性がますます認識されている。本書は，家政学全分野を網羅した初の事典として，多くの人々に愛読されてきた『家政学事典』を，この12年間の急激な学問の進展・変化を反映させ，全面的に新しい内容を盛り込み"新版"として刊行するものである。〔内容〕Ⅰ．家政学原論／Ⅱ．家族関係／Ⅲ．家庭経営／Ⅳ．家政教育／Ⅴ．食物／Ⅵ．被服／Ⅶ．住居／Ⅷ．児童

阿部幸子・鷹司綸子・田村照子・中島利誠・
丹羽雅子・藤原康晴・山名信子・弓削　治編

被服学辞典（普及版）

62014-6 C3577　　　　A5判 480頁 本体12000円

被服学全般を一望の下に概観することができ，細部にわたる部分についても直ちに引用できるよう編集された五十音順の辞典。大学・短大の被服学関係の研究者・学生，家庭科担当の先生，被服に関する研究・業務にたずさわる人々の必携書。〔内容〕藍（天然インジゴ）／ISO規格／合着／間着／藍染／アイデンティティー／アイヌ服／アイビールック／アイメーキャップ／アイリッシュワーク／アイロン／アウグスト乾湿寒暖計／襖／青色御包／青み付け／垢／等，約3500項目

実践女大 山崎和彦著
ピュア生活科学

衣服科学

60582-2 C3377　　　　B5判 128頁 本体3200円

衣服・被服科学のミニマルエッセンシャルな情報を多数の図(140)と表(115)により簡潔にまとめられたテキスト。〔内容〕環境／衣服の歴史と民族衣裳／被服の生理衛生／被服材料／材料実験／被服の管理／デザイン／衣服の設計製作／衣生活／他

前奈良女大 松生　勝編著
生活環境学ライブラリー2

アパレル科学概論

60622-5 C3377　　　　A5判 212頁 本体2900円

アパレル科学の各分野を総括する概論書。〔内容〕衣生活の変遷と役割(歴史・目的と機能)／材料(繊維・糸・布・加工)／デザイン(要素・特性・原理)／設計(人体計測・体型・CAD)／生理・衛生／管理(整理・洗濯・保管・処分)／現代の衣生活／他

佐々井啓・篠原聡子・飯田文子編著
シリーズ〈生活科学〉

生活文化論（訂正版）

60591-4 C3377　　　　A5判 192頁 本体2800円

生活に根差した文化を，時代ごとに衣食住の各視点から事例を中心に記述した新しいテキスト。〔内容〕生活文化とは／民族／貴族の生活(平安)／武家(室町・安土桃山)／市民(江戸)／ヨーロッパ／アメリカ／明治／大正／昭和／21世紀／他

日本女大 島崎恒蔵・日本女大 佐々井啓編
シリーズ〈生活科学〉

衣服学

60596-9 C3377　　　　A5判 192頁 本体2900円

被服学を学ぶ学生に必要な科学的な基礎知識と実際的な生活上での衣服について，簡潔にわかりやすく解説した最新の教科書。〔内容〕衣服の起源と役割／衣服の素材／衣服のデザイン・構成／人体と着装／衣服の取り扱い／衣服の消費と環境

日本女大 佐々井啓編著
シリーズ〈生活科学〉

衣生活学

60597-6 C3377　　　　A5判 200頁 本体2900円

近年，家政学に要求されている生活面からのアプローチに応え，被服学を生活の場からの視点で広くとらえた大学・短大向け教科書。〔内容〕衣服と生活／衣生活の変遷／民族と衣生活／衣服の設計と製作／ライフスタイルと衣服／衣服の取り扱い

日本女大 後藤　久・日本女大 沖田富美子編著
シリーズ〈生活科学〉

住居学

60606-5 C3377　　　　A5判 200頁 本体2800円

住居学を学ぶにあたり，全体を幅広く理解するためのわかりやすい教科書。〔内容〕住居の歴史／生活と住居(住生活・経済・管理・防災と安全)／計画と設計(意匠)／環境と設備／構造安全／福祉環境(住宅問題・高齢社会・まちづくり)／他

上記価格（税別）は 2022年 7月現在